遇見聲情

把話說好有大用

絮絮叨叨話緣起

自絮 說話真是件有趣的事

電視上看到一個名人談書的節目。

訪問的是一位既會醫病又能體察人心的好醫師,好院長。

醫師院長說,他經常鼓勵年輕輩醫師,要有好醫術也要有好的人文素養。因此他總是提醒同仁要多多閱讀。

他說我們常講:「讀萬卷書不如行萬里路。」可是猶太人也說了:「行萬里路如果不讀書,不過就是個郵差。」

院長這一來一回的鋪陳,主要的目的還是在要求後進醫師們多多閱讀。

只是這話換做政治人物來說,可能會被K個滿頭包了。

暫且不說是否該稱「郵差」還是「郵務士」,恐怕至少郵務相關工會會跳出來說:「這什麼話呀,職業神聖,看不起我們送郵件的呀!」

呵呵,一句話送進空谷中迴盪,收受卻是多面的。有人得到了鼓舞;有人「被跌宕」了一下。

做主管的有時會說：「這件事派張三去就好了，李四不用去。」

哈，如果您是張三，心情感受會如何呢？

我呀，就是「那個就好了的！」

所以用心的主管這句話可能會說成：「這任務派張三去，他最熟悉這個業務！」

說話，這碼子事有人說「像幻術」、「像魔術」、「像藝術」、像……，人人感受不同吧！但還真得多用點心的看法應該是一致的。

我是個廣播媒體人，在電台行政治理上有幸層層歷練，也因此體悟出「把話說好必有大用」，進而從「語音」、「語形」、「語意」三面向，精煉出34把「說話的語鑰」。特別的是「日常語彙」也在生活反芻中進出了「語禪」曲徑，穿插於語鑰間的淺語短文，可見運用話語的慧趣。

「把話說好有大用」不是套用公式般的練習文章，而是散文順心的陪聊，讓您更容易掌握到說話的「磁場魅力」。

想把話說得更好嗎？現在就一起成長吧！

遇見聲情：把話說好有大用

又絮 耳金會生才與財

學生要寫「耳朵經濟學」的相關文章，架構了「從廣播沒落到podcast興起」的論述層次。

一輩子靠廣播吃飯的我，那當下對「廣播沒落」四個字著實覺得刺耳加刺眼。

不過在「風度」、「氣度」、「角度」的裝模作樣下，我立即回了神。

我跟學生說：「『廣播』這個載體也許是沒落了，但廣播的『靈魂』，也就是『聲音』可是沒有沒落喔！」

是呀，光跟影再怎麼迷眩人心，最終還是需要靠「聲」來傳情達意。

沒有聲，光影就只是彩色的默片。

人們習慣於「重眼睛，輕耳朵」，但行走在這人生的舞台上，想讓自己的生命稍具分量感，可別忽略了「聲」的建構。

不是嗎？每天媒體上都在「說」拜登怎麼說，川普怎麼「說」；某某明星怎麼「說」；甚或黑心商人也可以怎麼「說」。

這個説，那個説，「説、説、説」，就是「聲音、聲音、聲音」。

只是「好聲音」像空氣容易被輕摎；但「壞聲音」也像沒有了空氣；「惡音」、「聳音」、「霸音」都叫人窒息。

我用這樣「説」的理路，試著把學生拉回到傳播互動的本質上來。間接告訴他花器的樣式可能過時，「花香」、「花色」、「花姿」卻是必需好好培養和善用的。

呵呵！學生也回應得好：「就因為這樣，我們才要探討既會『生才』又能『增財』的耳金呀！」

再絮 ⌒ 電影般的聲音故事

每次聊到按摩，一定會想起這件事。

幾年前一位臺灣的大學教授江明翰先生，輾轉得知我的電話號碼後來電告知，他在深圳參加完一場學術研討會，得空去做腳底按摩，師傅聽出他是臺灣人，託他帶回口信。

師傅說自己本是高中化工老師，在一次實驗教學時誤傷了眼睛，以致失明，而離開教職，還幾度萌生自殺念頭。

遇見聲情：把話說好有大用

期間也寫信到我們的節目，在「聽眾信箱」時間裡我們回覆了這位老師的信，鼓舞他「不要用自己的手傷害了自己的生命，應該給自己一個機會」，就在這番點醒後，老師放下執念，改行學習按摩有成，並且去到深圳謀生。

師傅告訴教授，幾年下來他也攢了些錢，再幾天就要辭去工作回安徽老家，因為女兒即將高考，他不想在女兒最需要陪伴的時候少了父親的愛。他也很高興在離開深圳前夕能遇到這位臺灣來的教授客人，幫他帶回感謝的口信。

聽完教授轉述這段自己就是主角的故事後，我久久無法言語。

想不到如此只會在電影、小說中出現的情節，居然在我的聲播中發生了。它珍貴了我可能很不經意的工作。

在此，記錄下這位父親的名字「胡仲賢」，1997年起收聽來自臺灣的聲音，他的故事感動了我，也希望能夠鼓勵更多的朋友！

吳瑞文

耳伴絮語

許明堯 臺北

說來與瑞文的交情已有多年！從小學同班到住家相距不到百公尺，情誼更加深厚。

後來，我們各自求學就業，他走上廣播之路，成為中央廣播電台節目部經理，並榮升主任秘書。期間，他表現優異，榮獲金鐘獎。

與兒時印象最大差異，是他一口字正腔圓、流利動聽的國語與出色口才。

瑞文多年來懷揣的出書夢，終於實現了。他製作主持的「亞洲之聲」，不僅廣受喜愛，更是兩岸交流的重要橋樑。他還多次赴大陸舉辦聽友會，備受好評。

為這老同學的成就送上祝賀，深感驕傲！

凱瑞 高雄

彷彿昨日初相識，一轉眼，和文哥的交情卻已沉澱累積二十多年。在我們這群朋友的心目中，文哥是兢兢業業的廣播人，是勤勤懇懇的實踐者，在無遠弗屆的訊息傳播裡，用他的專業與真情，溫暖了千千萬萬個心。

在涵養最圓熟的時刻，文哥將自己對說話藝術的觀察和心得寫作成書，願和聽眾以外的廣大讀者分享，這是多麼令人振奮歡悅的事！

說話看似簡單自然，但仔細觀察，你會發現身邊的人所說的話，有用法、語氣、聲調、措辭的不同，給人不同的感受。同時，因為表達方式或有優劣，更會讓別人產生不同的印象與看法。由此可見把話說好是多麼重要的一件事。

文哥的這本書，是說話的最佳指引與明鏡。讓我們從今天起，因這本書不斷精進，成就更好的表達！

陳霞 四川

人生總有那麼一大段的時光在等待、在守候、在陪伴。2、30年前，每天等待著放學，守候在收音機前，在文哥聲音的陪伴裡渡過一天中最快樂的時光。

當年文哥常說自己屬雞，又姓吳，生來就是要靠聲音吃飯的人，記憶裡，文哥把自己的青春時光都奉獻給了廣播，以致於很晚、很晚才成家。

在文哥與萬千聽友的緣分裡，數以萬計當年懵懂的小孩因此得到了很好的滋養，在文哥聲音的陪伴裡，努力成為了更好的人。

多年後，文哥要出書了，出一本關於聲音的書，讓我又想起了那些年我們與他聲聲不息的青春時光。

魏鴻 南京

有幸受邀為在廣播界奮鬥多年，用聲音連結兩岸同胞心連心的吳瑞文先生的作品寫序深感榮幸！

提起吳瑞文先生，他的聲音伴隨著許許多多聽友的成長，奮發！

熟悉他的我們都親切地稱呼「文哥」，以至於我、你、他的家人、朋友都愛收聽他主持的節目，他的聲音！在那個年代、用卡帶錄下他的節目是很多喜歡文哥忠實聽友的必修課！

歲月如梭，三十多年了！聽友五湖四海，處女座的他就是這麼聲音和人格都有魅力！

遇見聲情：把話說好有大用

我非常感謝文哥，在我最艱難的日子裡（千萬人也許才能經歷）想起在臺灣還有多年未見面的他，頓時成為當時我最美好的期待，讓火吻的身體早點好起來，到臺北看望他，哪怕只是聊聊天。

這個願景成了2009年酷暑難熬的夏天支撐我最大的動力！

在那遭遇電擊、身上皮膚灼傷面積百分之十九，生理和心理雙重打擊的日子裡，文哥的聲音仿佛在耳邊鼓勵著我，要積極治療，都會好起來，不要怕，臺北見！美好的願景打敗了疼痛，人有感情，聲音更會傳帶感情！期待文哥的書熱賣！

陳瑩 從寧波到高雄

「很高興借著電波的交流，亞洲之聲——你我好時光節目又再度的與您相逢了……」回想這個聲音在年少時期陪伴我直到成年，而與吳大哥的聲音緣分也是從那時候開始累積。

每況長空播玉音，幾回忘寢幾回心，
憑它青鳥無歸訊，一種情懷記到今。

從那時起在心中種下了做廣播的念頭，來到臺灣努力融入在地生活工作。

從創建「瑩響力Podcast」平臺到也曾擁有「快樂聯播網——新聞線上online」自己的廣播節目。廣播人其實真的很辛苦，需要不斷的累積內容然後輸出，語言的表達需要快速的整理和轉換。每次卡關都會打電話跟吳大哥來「求救」，他總會淡淡地說慢慢來，多嘗試，久了，就會了。雖然只是簡單的一句，但卻給了我無名的力量，這感覺很神奇。從聽眾到Podcast再到廣播電台主持，這個過程很長，但我知道把話說好是真的非常重要。我們的兒時「偶像」要出書，要聽眾朋友來寫序，這真的是一個善念的循環。

感恩歲月裡的遇見，讓我在廣播的築夢中找到聲音的瑩響力！

耀頔 江蘇

如果您聽過黃韻玲小姐的《關不掉的收音機》，一首從事用聲音說話的廣播人的歌曲，您一定會知曉吳瑞文先生，聽友都稱呼他「文哥」！

三十多年的廣播生涯他運用獨特的聲音魅力，教會我們如何用聲音表達善意、友愛，好好說話！

值此新書出版，千言萬語「有您真好」！祝福您的書籍熱賣！

秋玲 新疆

我與文哥的相識，緣於亞洲之聲的《你我好時光》節目。最初聽短波廣播，我聽的是澳洲廣播電台的中文節目，裡面的華語流行歌曲吸引了無數的聽眾，其中有熱心的聽友舉辦聽友會，留下聯繫地址，把聽友們的姓名地址印成通訊錄，寄發過來。許多聽友也成為了筆友。有幾位筆友在信中說，他們發現有一個更純粹的播放歌曲的電台──亞洲之聲，於是根據他們提供的時間和頻率，我終於在一個下午聽到了這個電台的節目。文哥和莎姐輕鬆愉快活潑開朗的笑聲感染了我。「四大天王」（沈琬、林賢正、謝德莎、吳瑞文）陪我度過了快樂美好的年輕歲月。

想像一下，在相同的時間不同的地點，有多少人在收音機旁聽著同樣的聲音，那是多麼有趣的事情啊！聽著節目就有了寫信的衝動，於是我忍不住給主持人寫了信，臺灣高雄郵政880號信箱，在熱切地期待中收到了回信，收到信的欣喜就像歌迷得到自己喜歡的歌星簽名一樣。

一次偶遇，從此結下不解之緣。時光匆匆，三十五年過去了，文哥爽朗的笑聲依然是那麼清晰地浮現在腦海裡，兩個未曾謀面的人能遇到真是難得的緣分。

有時候我在想，如果見到文哥該說些什麼，我會握著文哥的手說：「文哥，你好嗎？」

「**聲**情」到永遠！

看到「聲情」，也許好多朋友會問，為什麼不是「深情」？

那怎麼就說「聲情」不是「深情」呢！有點像繞口令了。

這是在上個世紀90年代，我們一群人與「亞洲之聲」結下的聲音的情緣，更是與堅持到現在的文哥結下的不解之緣。

那個時候總是覺得日子還很長，我和文哥的情緣會一直延續下去。

那個時候總是覺得「你唱我和」的歌可以一直唱下去。

在中斷幾年的聯繫後在互聯網的幫助下我們終於又再續前緣了，而且終於等到文哥集他一生聲音傳播的感悟大作的出品，讓我們廣大的聽友可以真正的擁有可以永遠留存的珍寶。

失聯的那幾年會時不時的翻出當年「亞洲之聲」節目的回味聲音的魅力。會在網路上搜索關於「亞洲之聲」的消息，建立了微信的群、微博的群，大家均以文哥作為大家長馬首是瞻。

感謝文哥一直以來的陪伴，雖然失聯了幾年，一見面又是一見如故！

感謝文哥支持下的由譚志慧小姐出品的「央廣即時通」，讓我們廣大的聽友又有了一個像樣的「央廣大家庭」。

感謝文哥的聲音一直陪著我們！
感謝文哥以聲音化作文字的作品一直陪著我們！

阿林音樂 *福建*

我心中的文哥在我的記憶中留下深刻的印象。他用溫暖的聲音陪伴我度過了許多美好的時光。

文哥會在笑談節目中，用富有感染力的聲音為我講述一個個精彩的故事，帶我走進奇幻的世界。

他時而模仿不同的角色，時而用輕柔的語調描述美麗的場景，時而用笑談表達內心的感受，讓我仿佛身臨其境。

文哥在音樂節目裡，介紹一首首動聽的歌曲，分享歌曲背後的故事。他的話語如同音樂的旋律一般，流淌進我的心裡，激發我對音樂的熱愛。

文哥、莎姐就像是我們的好朋友，在那些沒有智慧型手機和豐富娛樂活動的日子裡，他們透過電波，為我帶來知識、歡樂和溫暖。即使歲月流逝，他們的聲音依然會在我的記憶深處迴響……。

王偉民 上海

千呼萬喚，終於，文哥，吳大哥，吳天王要出書了。我想，所有當年每天守在短波收音機旁，一手捏著天線，一手旋著微調旋鈕，聽亞洲之聲的聽友知道了，一定會非常高興吧？

這些年，我一直在想，是什麼讓文哥這麼有魅力，以至於二十多年後，還有這麼多聽友追隨。這應該是一個永遠沒有標準答案的問題。可能是文哥的幽默，也可能是文哥的睿智，或者是文哥言語間透露出來的真情。

期待著文哥的新書，期待著在文哥的字裡行間，重溫曾經在我的青春歲月陪伴我的那份溫暖與感動。

南京聽友程紅萍用毛線作畫，織出她收聽節目時，想像中的「四大天王」主持人，這幅心血之作現珍藏於嘉義民雄廣播文物館。

目次

語形之鑰　說話有呼吸感，聲音會跳舞

語意之鑰　說話 可以自娛不可「娛人」

語音之鑰

「說話」
是靈魂的音樂

音鑰 *1*

捕捉「笑意的語線」

試著「用微笑說話」。就咧出微笑的嘴型弧度,並且放出您的聲音,您會發現自己的靈魂是躍動的。

「說話」是由二個主要的元素構成，
一個是「聲音」，或者說「語音」；
一個是「語意」，指所說的內容。

一般我們講「說話很重要」，想到的都是「語意」的
部分，因為「冷話，六月寒」，「熱話，三冬暖」，
這是很容易理解的道理。至於「聲音」也是「說話」
說得好不好的必要條件，就比較容易被忽略。真要探
究聲音好不好時，大家很容易就把它推給「我又不是
做廣播的」，這確實是很可惜的事。

那天看到這句話**「聲音是靈魂的音樂」**，心頭悄悄地
被它震撼了許久。「我」說話的聲音，是「我」這個
靈魂的實體表現！

果真這般看待，那「我」想展現的是什麼樣的「靈魂
音樂」呢？

我想我和多數人都希望自己的聲音至少是清楚、明
亮、溫暖的吧。

一個方法讓您奏效，試著「用微笑說話」，就是咧出微笑的嘴型弧度，並且放出您的聲音，您會發現自己的靈魂是躍動的。

也有一個對照組，試著咬牙切齒說出「他是什麼東西」您會發現自己的「靈魂音樂」有多扭曲呀！

「唱」好聽的「靈魂音樂」，**口腔後段的牙根要打開；把微笑的笑痕推上顴骨**，您的聲音就悅耳啦！

打個招呼吧

那天，接女兒補完習回到家，外頭還下著不小的雨。大樓保全大哥開我玩笑說「怎麼不下雨不回來，下大雨才剛巧回家。」話一說完我們都呵呵大笑，然後互道晚安，各自「回營」。

有時候一天要見上幾次面家人以外的朋友，「問候」應該是很多樣的吧……道安、問「吃飽了沒！」、微笑點頭、說些如常話，大概就這些變化交錯，彼此愉快吧。

不過也有些人是用不著這樣做的，像是偶爾會看到「兩眼直視，當對方是空氣」的那一類人。

但老實說，我沒這般功夫，可視「對方」為無物。再怎麼說最基本點頭功夫我也會下。

您呢？您在生活中也這麼「隨和」還是那麼「特立」呢？

笑笑的

生活中您是快樂多，還是怨懟多呢？

老實說我的生活裡快樂不多，但好像很多認識我的人都會「誇我」，說怎麼看到的我都是臉上帶著笑意居多。

那天女兒突然說，她發現我在家裡常是笑笑的。聽到這話我當然又笑了，是種很欣慰、很欣慰的笑。

每個做父母的一定都想幫助兒女快快成長，我也是。只是我清楚再快的成長，也得慢慢的培養。「臉上帶著笑意」是我給她的「慢慢培養」，而且是從自己做起，身體力行。所以很多親戚朋友看到我也會說：「你女兒總是笑笑的」。

我為什麼總是「笑笑的」？

呵呵！剛開始是覺得自己實在長得不怎麼樣，再不笑不就讓人覺得「面目可憎」，難以親近了嗎？後來是工作上、生活中幾乎沒什麼快樂事，聽人家說「要笑」才能翻轉幸福，所以就一路裝笑下來。

我承認在我「笑」的背後，有好多愁苦，但我相信如果不裝著笑笑反而更苦。

音鑰 2

「標準」跟「特色」較勁

香港藝人的港腔華語，把「十九歲」說成「洗腳水」，兼具趣味和加深印象的機會。

您認為對一個人來說,「實力」重要還是「魅力」重
要呢?

大概有三個答案:「實力」比較重要、「魅力」重
要,不然就是兩樣都重要,不會有人說兩者都不重
要吧!

我想在語音的世界裡,「清楚」、「標準」是實力,
「親切」、「動人」就是魅力。

我們常說這個人的聲音不夠標準,鄉音重、有土味,
但有時,我們也會說這個人的聲音是道道地地的京片
子,讓人聽了肅然起敬。

但是除了電視、廣播人的聲音要讓人「肅然起敬」
外,在我們的生活中,事實上有著更多的南腔北調,
我們往往也覺得他們說得動聽、可人。

所以**在我的聲音理論裡,語言「標準」是重要的,卻
也不盡然必要。**

必要的是,聲音要有「特色」。

什麼是「特色」?像推廣卡內基人際溝通的黑幼龍先生聲音沙沙啞啞的,但一聽就不會忘記;像一些香港藝人的港腔華語,把「十九歲」說成「洗腳水」,兼具趣味和加深印象的機會。

只不過如果您說我的聲音就是這麼標準的京片子,不好嗎?當然不是!

但如果有一種可能是,你的京片子能夠像包在棉裡的針,既有清亮感又不會讓人有一種過度壓迫的尖銳感,那絕對是至美之音了。

希望您不要以為我在說「玄學」。想強調的是,**標準也好、不標準也罷,「清楚而有特色」就是每一個人都能夠發揮的好聲音。**所以一切又回到「自信」,也又回到「自我的琢磨」上來。聲緣、愉悅、清楚、還有這裡強調的「特色」,都是好聲音的重要元素。

說母語，像拿毛筆寫字

隨著國語也就是「普通話」的普及，我發現能用「方言」吟誦經文的人鳳毛麟角了。

越來越「規格化」的現代人，別說念經啦，能用媽媽教的話交流的也越來越少了。

這會是個好的發展嗎？
有好，有不足吧。

有好，就是語言統一了，才不會雞同鴨講，徒生困擾。

不足，就是少了語言跟「那文化」的連結，「那文化」就會越來越模糊，……最終消失不見。

但語境就是那麼現實，再多堅持的講自認為該保有的多元語言，沒有共鳴，徒呼負負。

我也一直珍惜母語，連女兒小時候都是母語灌溉。只是回到語境中，女兒的母語之能都不見了。就像現代人不會拿毛筆寫字一樣，「方言」恐怕最終會退化，甚至消失。

遇見聲情：把話說好有大用

「淑」、「俗」都滿分

您喜歡「淑氣」，還是喜歡「俗氣」？

如果是我的話……，「淑氣」、「俗氣」這二口氣都能接受。

有時候說不定還更喜歡「俗氣」，對那些俗得可愛又不給人壓力的「俗氣」。

每天必經住家附近的一戶人家，還真「淑氣」，時序都快翻年了，他們府上的春聯依然艷紅耀目。

對那上聯「幾點梅花迎淑氣」我是每回看，每回會心而笑。
因為相對而來在我心中制約而對的總是「俗氣」。

總想這戶人家難道不會以此諧音為意，春始上聯時，沒想到「淑、俗」既靠近又遠隔的意境嗎？

其實「淑」、「俗」又如何。
只要是「淑真」、「俗真」都會是100分吧。

音鑰 **3**

到底是「亮」的好
還是「沉」的好？

不管清亮或低沉，這當中
最重要的元素是給人的愉
悅感。

您有好聲音嗎？歡迎再次來檢驗我的「好」聲音理論。而且可別再說這把年紀了，練習好聲音還有用嗎！

雖然過了求偶的年紀，但別忘了我們每天一睜開眼睛，大概就得張開口說話了喔！

我們說**聲音沒有「好」或「壞」，卻有所謂的聲音的「緣」，而「聲音的緣」可能不在你的聲帶上，卻是在你的人緣裡。**

一個人緣好的人，應該是有些許「溫度」的人吧！很自然地人的「溫度」就會轉化成聲音的「溫度」。這麼說，也許朋友們更容易想像，擁有好聲音其實根本不是一件難事。

好，當我們都成功了一半的時候，要進一步告訴您，聲音到底是清亮好還是低沉好呢？

其實都好。

否則清亮的王菲和低沉的黃小琥就要打架了。

不管清亮或低沉，這當中最重要的元素是給人的愉悅感。

一般的說話情境，「給人愉悅感」是很重要的。

所以這幾天的功課，讓自己在聲音裡帶進一絲絲的喜悅，是微甜的、是像冰糖那樣子微甜的喜悅感，試試看吧！

語花朵朵

才說做個現代爸爸，得要會開車。結果換來了朋友一默，說我是……柴可夫……司機（斯基）。

有人不也說過嗎？
請問您在哪兒高就？
銀行！
哇，好耶，鐵飯碗！
呵呵，……坐以待……幣（斃）！

那年，臺灣才進口奇異果，很多人沒嚐過。男主角特別切了顆給女主角獻殷勤，大概是此果酸甘味美，打動了女友的味蕾，邊吃還邊讚美這麼好吃的水果，以前怎麼沒進口呢？

男主角冷回了句⋯⋯現在不就⋯⋯「進口」了嗎！

那年在福州街頭上福建廣播電台現場節目，一位搶答的小女聽眾長得甜美可愛，就順口誇了她漂亮，她也順口回了句客套話「哪裡！」

我居然神來之智回她⋯⋯眼睛！

呵呵，許多話語的連結，轉換，出乎意料地傳神、可愛。

您的人生果皮

晚餐後削了顆外表艷紅的蘋果，邊削邊想這蘋果表裡如一嗎？刀起刀落間，直見果肉瘀傷累累。

那天經過一個原先賣西服的店家，看到它亮眼的招牌都已拆除，只留下坑坑洞洞的水泥柱壁，真是還我如月球表面般的「樸素」呀。

原型好像都不美，所以只有靠點綴、妝扮、上料、包覆，才能體面自在。

人跟水果一樣，學歷、經歷、財力……，只是再多的艷紅包覆，終需削皮，這時也一樣是「果肉」見真章了。呵呵，是「果肉」喔，可不是「狗肉」喔！

不過，多少人生表演，不都是鮮艷讓人看，辛酸內裡藏，十足「金玉其外，自苦其內」嗎？

這或許就是人際應有的表演學吧，否則天天愁眉苦臉，誰理你呀！就更別說「愁苦」引「愁苦」的「吸引力」察覺了。

您的人生果皮泛黃了嗎？噴漆都要把它噴亮起來。

音鑰 4

聲音也有
「太平公主」

要讓聲調有變化，可以朗讀詩詞，藉詩韻流轉，流動自己的語調。

有時候我們會説某人説話像在唱「催眠曲」，大半的情況是指這人説話的聲調太平了，沒有高低起伏，所以很容易三兩下就把人弄昏。

對症下藥當然是常服「抑揚頓挫散」，但也往往因此過猶不及，弄成裝腔作勢，更讓人覺得噁心、不耐。

改善聲調太平，可以常唱一些旋律優美的歌曲，不過千萬別是現代版中故意把旋律拉平、加快的一些唸唱式流行歌曲。

要讓聲調有變化，可以朗讀詩詞，藉詩韻流轉，流動自己的語調。

還有一種類似寫文章用的「誇飾法」的「誇大法」。

找一篇抒情文章，「肉麻當有趣」的用情地把它説出來，其實是「演播」出來。

從「太平」到「太高」，先打破「平」，再從會讓人「滿地找雞皮疙瘩」的「高」，拉回到可運用自如的動聽聲調。

這是一個改變習慣、養成習慣的改造過程，有這般需要的朋友，祝您練習成功，從此說話像唱「臺灣好聲音」。

影默現真章

恆述法師爆料費玉清在家看電視都喜歡關靜音。也就是只看影像不聽聲音。她說費玉清認為這樣更可以看出影中人的真實面貌,卻也因此評述了弟弟這樣做很變態。

呵呵,看電視不聽聲音是「變態」?那我……要「加1」了。

我們家原先是因為小朋友讀書,怕吵了學習,所以只看影,少聽音。後來似乎也習慣了這種默片情境,進而又好像靜出了滋味來,現在除非必要,還真的很少開聲音,至少是太大的聲音。

至於歌神費玉清的心得,說靜看影中人可以看出真面貌,……老實說,我也品出滋味了。真的,不被聲音分散注意力,反倒可以從影中人的表情、舉止觀察出沒有語意導引的「內涵」。

呵呵,這是個有趣而且可以深刻的遊戲,有興趣的人或許可以玩玩,試一下吧。

心界尬事界

跟朋友分享了打掃的家訊，朋友回應的一段文字讓我會心。她說打掃的事慢慢做，因為清潔的工作永遠不會有做完的時候。

呵呵，果真是做家務的人。

抹了這，擦了那，過了幾天後如果不再「時拂拭」，一定是灰塵滿佈，再一個疏漏，就織上一張灰氈了。

在慨歎不可思議的同時，我轉而想像的是人的互動，會不會久久「不動」就灰塵疊厚？

會。

只是我們說那是「生疏了」。

所以如果跳開境界的思辨，我比較相信的是「時時勤拂拭」，才能「莫使惹塵埃」。

至於「本來無一物」，飄渺到無所做為般的自在，坦白說我服膺不上。

當然朋友或許會說這是「心界」，不是「事界」，兩者無從比擬。

哈哈！也是、也不是。

遇見聲情：把話說好有大用

音鑰 5

聲音「欠扁」嗎？

如果說「言為心聲」，那含糊、囁嚅確實也代表了心聲裡的怯懦，讓人不想欺負他也難。

這不是我說的，但我認同這樣的說法，

就是：有些人說話的聲音讓人一聽就很想欺負他。

套句比較簡單的話說就是：一副欠扁的聲音。

什麼是讓人想欺負他一下下的聲音呢？

含含糊糊的、囁囁嚅嚅的聲音！

如果說：「言為心聲」，那含糊、囁嚅確實也代表了心聲裡的怯懦，讓人不想欺負他也難。

所以，「好聲音」：

第一，來自我們一再說的「聲緣」，「聲緣」建構於「人緣」。

第二，來自於愉悅，愉悅從話裡帶著微笑開始；

第三，來自於現在要分享的──清楚說話。

練習「說話清楚」的方法很簡單，就從「朗讀」開始。

記得「朗朗而讀」，「朗」就是張開口、「開朗自己聲音」似的把文章、字句讀誦出來。

別在乎自己是不是鄉音太重，別擔心自己是不是咬音標準，這個階段就是「求清楚」。再重的鄉音都要朗得──「清清楚楚」，讓人沒有機會欺負！

「含糊」也許來自心裡，也有可能來自於嘴型、口部機能不健全的生理，朗朗清楚就是克服它們的第一步。

不被「時代不一樣了」遮望眼

「世道變了」、「現在的年輕人跟我們以前不一樣了」……，這些話，或這些類似的話，您常說嗎？

呵呵，「常說」就顯老了喔！
顯老？也沒關係呀！

是的，是的，誰能不老？除了志玲姊姊外！

哈。
到底時代有沒有變？年輕人的心有沒有不一樣呢？

年輕的時候，就常聽到長輩們對我們說這些話。現在的我，如果稍不留意，或許面對年輕人、面對跟自己不一致的「世代行為」，也會迸出「老人言」。這時我才細思「什麼……什麼……不一樣了」這樣的語法，是不是也是一種說話慣用模式，如果是，我父母的父母也一定這麼跟他們的子女說過，也因而就……代代相「用」了。

「時代不一樣了」、「世道變了」，是事實，但那是「花樣」換了，「玩法」換了，真正的「心的價值」誠實、認真、勤奮、合作的「原型」，是不會變的。

什麼心態

如果您問我怕不怕死？
我會很坦白的回答：……怕，好怕。

如果您問我明天全世界的人都將消失，我怕不怕？
那我會很輕鬆的告訴您……一點都不怕！

為什麼呢？
因為……我跟大家都一起不在了，就沒什麼好怕的！

呵呵，這什麼心態呀！

還有一個「什麼心態」？

那晚，臺灣25億元彩金的彩票還是沒有開出幸運
兒，我……好開心！

這什麼心態呀？沒有祝福成美的心！

我……就好開心嘛！
彷彿再來的機會就是留給我的……開心。

一起死，「不怕死」後；開大獎，「沒人中獎」後，
我都很開心，這是什麼心態呀！

每每想到這兒，就自覺心怎麼這麼不乾淨呀！

音鑰**6**

聽見聲音的
「色、香、味」

音調像歌星唱歌的旋律，選對旋律，就可以彌補音質、音色的不足。

好吃的東西我們形容它色、香、味俱全。

好聽的聲音呢？

來自質、色、調皆備。

質與色似乎比較先天，很像人家講的祖師爺賞飯吃。有些人的聲音聽起來清亮、悅耳或雄渾、帥氣，就屬讓人忍不住羨慕的音質好、音色佳。

對大多數人來說，雖然先天難得，但後天還是可以積累的，最簡單的方法就是拿本書來朗讀也好、誦唸也可，一段時日後，自然可以調動出口氣──口裡的氣息，而把「質」與「色」吐露出來。

至於「調」──音調是比較後天的，大家的機會相對均等。音調像歌星唱歌的旋律，選對旋律，就可以彌補音質、音色的不足。

相反的音質、音色再好，音調不對，聽起來就更恐怖了。

所以**大家都可以也必須在音調上為自己加分。我們可以像練習書法一樣，選幾位「大家」來臨摹。也就是跟在好的聲優、主持人的聲後模擬他／她們的聲音，**一段時日後一樣可以日益精進的。

別說我就這把年紀了，我就這樣的人生定位了，聲音好又如何！

相學上說有聲之人就有運。對自己，聲好就氣順；至於跟別人，有好的聲波，就會有好的人際躍動。

「做健康」PK「做心酸」

大陸朋友觀看「天台上的魔術師」後，提出了問題，還挺有趣的。

她說戲中有段台詞「假如這個聚寶盆可以一直變錢出來，你幹嘛還來天橋做生意，你⋯⋯你出來做健康喔！」這個「做健康」究竟是什麼意思？

呵呵！好佩服這位朋友看電影也用心，要我唏哩呼嚕就過去了。

臺灣朋友普遍知道，其實這「做健康」不是語意上的問題，它是語法上的運用，一種反襯語。

「你既然有了可以生財的聚寶盆，還出來賣命賺錢，所為何來？是為做得讓身體更健康嗎？」言外之意就是⋯⋯「別這麼辛苦了！」

除了「做健康」之外，我們用得更多屬於這種「何必多此一舉」的反襯語是……「『做心酸』的喔！」

「這工程明明會賠錢，你還接！『做心酸的喔！』」

當然，接「做健康的喔！」也很好，而且更顯正向些。所以「做健康」是為了扭轉「做心酸」而來的智者的語言。

連結

或許您也曾跟我一樣會驚歎於網路搜尋平台的貼心。

像我幾年前沉浸於曾仕強先生的易學講壇，就會時不時地在平台上看到分享曾先生的各項講座訊息，進而舉凡跟易學有關的其它訊息，也都成了平台上「相信你有興趣」選項下的推薦，便利極了。

只是在方便運用之餘，您是不是也有另一番驚覺……嘿嘿！我在這條網路「康莊大道」上的一舉一動，可真叫「你」盡收眼底呀！

您也許也會思索著「得小心了」，最後卻也屈服於……網路不就是這樣，要得它的方便，也要……犧牲點私密囉！

只是這般連結與蔓生，亦即服務智慧化的循環，竟被感知靈性的探索者，用來啟發人正念正覺的有效教案。

感知者說：人腦如電腦，經常鍵入什麼，它就會回應
什麼，甚或「要五毛給一塊」，一樣會為人帶來林林
總總關連性的連結。

可想而知的淺語就是：「想黑即黑，想白即白！」想
要鈔票……呵呵，就得自己拼命賺。

音鑰 **7**

操千曲而後曉聲

「朗讀」是「聲」與「情」的表達，但我們沒有必要這麼「計較」，就張開口，「朗朗」而讀吧。

提起臺灣的「第一名模」林志玲，您很快想到的是什麼？

除了她的美麗，我想大多數的人都會說到她的「聲音」。媒體上形容林志玲的聲音是「娃娃音」、是「嗲聲」。剛走紅時，大家看到林志玲，普遍的印象是甜美、大方，但也會對她的聲音表現，有較不一樣的評價。

或許林志玲也有這方面的體認吧，所以現在我們再聽到她的聲音，感覺上有了改變。

林志玲也對自己的「聲變」說了一段很貼切中肯的話，那就是「調整後的聲音更適合自己的形象了」。

這些年常有機會為一些校園美聲比賽做評審，坦誠說「不評不害怕，一評嚇一跳」，這些競賽者普遍都是「聲音的林志玲」。林志玲是刷亮後的娃娃音，同學們則是沒有經過訓練、開啟的稚音，就更掂不出應有的分量感。

相信大家都認同「說話」對個人的發展是重要的一環，在「語意」的修為外，「語音」的自我訓練一定不能少。如果可能，您可以經常玩一個遊戲，像在音樂課裡開聲般──「a、e、i、o、u」，讓音頻由腹而鼻而腦，這是練聲兼練氣，美聲又養生。

專業的用聲人是唇舌有力，咬字清晰，非專業的普羅大眾，也可以適度的提練這肌肉與軟組織的連結。怎麼練？靠接吻嗎？哈，靠我常建議的「朗讀」

「朗讀」是「聲」與「情」的表達，但我們沒有必要這麼「計較」，就張開口，「朗朗」而讀吧。所謂「操千曲而後曉聲」，功夫就在「勤」字。這些年來很多專家倡議兒童「讀經」，就是朗讀經典，讓明亮的聲音載動典籍精髓，啟發心識，進而調和左右腦的腦波，達到所說的「全腦開發」。這是練聲之外的收穫，小朋友受用，大人也可同沾其益，而且有意義的「朗讀」等同一場深度靜坐呢！

玩轉啟動詞

之前大家都説「像極了愛情」是百搭詞。

天天寫臉書……像極了愛情。

天天等看臉書……像極了愛情。

呵呵，回覆臉書又未嘗不……像極了愛情。

甚麼！這話題早過時了！

那還有其它什麼「百搭詞」？

像極了愛情的諸位，也請幫忙想想，

呵呵。倒是「開場白」不少。

像「那是一種特別的感覺……」

呵呵，嗒嗒嗒嗒……，您就可以順順地接個故事下去了。

「這真是叫人開心的……」
您要接什麼呢？一個經驗？一次相逢？接吧。

「開場白」如果這麼容易，您有沒有想過、點數過自
己每天慣用的「開場白」呢？
希望不是「唉呀！」、「糟糕！」、「好累！」……
好嗎？

算一算幸福

工作忙碌算不算是一種幸福,清閒自在是不是也算是一種幸福;有人愛,心中喜孜孜,算不算是一種幸福,沒人愛,束縛少,也算不算是一種幸福。

我在造句嗎?「算不算是一種幸福?」,哈!

豐富的、愉快的、勝利的似乎都會讓人有一種幸福感。
清淡的、苦澀的、匱乏的,似乎就不幸福了。
有時候可以學習打破一下這種訓練跟經驗。

因為人不可能永遠豐富、愉快、勝利,所以當機運的輪盤轉到清淡、苦澀、匱乏的時候也能從那個沉落中去享受另一種況味,那幸福就像是一艘可以乘風破浪的船帆,不易摧折了。
清水洗臉,濁水濯足,心平了,清濁也幸福。

音鑰 8

說話時小心「運氣」

相同的兩句話，因為對象不同，大多數人說的時候「口氣」是不一樣的。

我們來做個小小演練吧！

請試著說這兩句話：「你好嗎？」、「你現在在做什麼？」

喔喔！先別急著說，有對象的！

先是對「一般朋友」說。……
嗯！很好。

再來，注意哦！請對情人說！……
感覺不自然嗎？我們都聽不到的，哈！

好！回來吧！
為什麼請各位做這不同對象的演繹呢？
專家說經過他們實驗，相同的一句話，因為對象不同，大多數人說的時候「口氣」是不一樣的。

您一定可以想像，對情人說，是愉悅、是感性的。專家還說，對情人說話時聲音會改變，男性會模仿女性提高聲調，女性會回以男性相對低沉的聲音。這是一種戀愛中互為模仿的──「合和之音」。

好！如果您説「我根本沒談過戀愛，沒有情人聲音相契的感受」，也沒關係，再來一個小小演練！這回只有一個「嗤」字音。

先是對您看不慣的事「嗤！」一下吧！……
嗯！很好。

再是對您不以為然的人「嗤！」一下吧！……
好！演得太好了。

不過，這個演練有點深化「輕蔑」意向的缺點，各位試試就好，一定要回來。

只是經此體驗，您是不是更清楚古人説的「嗤之以鼻」的鼻腔出氣了。

對事的「嗤！」我們可能「嗤」得深重一點、暢快一些；但是對人的「嗤！」，可能輕一點，卻又「蔑」得深一些。因為「嗤人」總是要小心翼翼吧！

好！我們還是再回來。

今天聊「說話」，是希望您能更進一步了解「口氣」、「語氣」在說話中扮演的關鍵力道。就像我們耳熟能詳的故事，發生在兩千多年前的「不食嗟來食」。

那個餓昏了的路人，本來可以在賑濟人士的接濟下，即時補給，回復元神，卻沒想到賑食者的一個口氣「嗟！」，類似現在的「喂！」

「嗟！來食！」、

「喂！來吃吧！」，

而不食寧死。

您說，說話時我們能不小心「運氣」嗎！

別濫用「約束」

您信仰「凡事不要輸在起跑點上」還是「只要有心，永遠不嫌遲」。

呵呵，把這兩句話放在一起做取捨，我認為是沒有必要的。

凡事剛啟動時，激勵自己「別輸在起跑點上」，是很自然而必要的事。但任何努力拼著拼著總也有落隊的人，如果這時候用「輸在起跑點上」來衡量自己，恐怕就一瀉千里了。

落隊的人這時候需要壯大自己的，就來到了「只要有心，永遠不嫌遲」，在這折點上選擇這個信念激發自己，也才有機會迎頭趕上。

「凡事不要輸在起跑點上」、「只要有心，永遠不嫌遲」，這兩句話絕不是在同一個時間裡創造出來的，

而是應時應勢「生」出來的，看清楚了，才不會因此
綑綁自己。

生活中有太多的話語都是如上模式出來的，人生工程
師們，別濫用「約束」。

顛倒

您有沒有發現，有時候上班還沒下班後忙碌呢？

上班，是大家一起做事，開心，可以多做一點；不開心，或許還可以摸摸魚，怪怪制度、說說同事，一天就混過去了。

下了班，活都是為自己、為家人而做。這要處理，那要照顧，像個陀螺也不敢喊累，也無由說累。

難怪有人會慶幸般的慨嘆，上班是休息，下班是幹活。

如果您是如我描繪般的過生活，那要恭喜您，大概是前輩子燒了好香下凡人間，可要好好享受這種顛倒人生，哈。

說說笑笑啦！拿錢少幹活，還是要心生自省！畢竟福報提存還是有平衡點，可別小看了「這點」。

音鑰 9

懶人說話
聲音好聽法

每天我們會把自己打扮得像樣一點，或漂亮一些出門，可是我們常常忘了帶在我們身上的「自來音」也需要打扮一下。

您喜歡自己說話的聲音嗎？

沒想過？

試著想一下吧！選個短篇章或想段短語，把自己唸、
讀、講的聲音錄下來，再回放聽聽看。

或者更簡單的，**一邊說話，一邊用單手把耳廓子輕輕
地掰向前，像孫悟空附耳傾聽的模樣，這樣有耳機的
效果，可清楚的聽到自己的說話聲。**

來！

試了吧？

如何？是不是有聲歷聲的效果，覺得自己的聲音有磁
性嗎？

哈！

每天我們會把自己打扮得像樣一點，或漂亮一些出
門，可是我們常常忘了帶在我們身上的「自來音」也
需要打扮一下。

絕大多數的朋友都會說，我又不靠聲音、說話賺錢，
悅耳又如何！我是憑著我的專業技術發財！

確實。只不過這仍是表象。因為「說話」永遠是您我從這個點到任何一個面，必須依賴、連接的橋樑。

便利商店的店長可以打扮得美美的，可以精確、專業的知道每一件貨品的架放位置。但當與客人收銀時，指點客人貨品在第三櫃第二列時，「專業」就要乘著他的「說話聲」傳入客人耳朵。

好！那要怎麼把嗓子、把聲音練好呢？

這陣子看了、聽了好多名家分享，練氣、練嘴、練咬字，林林總總，各有精到之妙，朋友們有心可以上網搜尋一番，必有收穫。

至於如果問「主張多元音色，主張聲音清楚、誠懇、條理就是美」的我，則認為**練美聲只要做好這三步驟就綽綽有餘了。**

首先，養成用丹田發聲的習慣。

丹田？

沒那麼玄妙啦！

試著把左手放在您的小腹，把右手放在您的胸口，然後說幾句話。看這二個地方在您聲動時是哪裡先鼓起。

小腹鼓起？

恭喜您，您在用丹田說話。

練習用丹田說話的方法很簡單，試著說說「悄悄話」吧。

嗯！就是這樣──「說悄悄話」，很自然的就會用到丹田，每天給自己一點時間，用說悄悄話的方式說一段篇章，10幾、20天後，您的聲音就會從丹田自由來去了。

與此同時，也練朗讀。把選定的篇章用聲、用情──聲情並茂般的朗朗而讀，**讓您的聲音共鳴器，也就是口腔內的顎、舌、唇的肌肉能調節自如，進而順暢收放。**

如果您還是覺得這二招既費時，又沒耐心練，沒關係，就練下面這一招，養成用微笑說話的習慣。

微笑？來！起個「引」字音！

嗯！「引」，把三聲「引」得滿滿的，是不是嘴角飛揚了，就用這個揚起的嘴型說話，您的聲音會「立正站起」，清亮好聽。

從生理上來說，這是因為微笑時可以拉起我們的舌根，像舌頂上顎般，讓聲音緊實。

從心理上來說，微笑了，心也跟著被拉起，也樂了，自然說話好聽。

從今天起，您是不是也跟我們一起用「懶人說話聲音好聽法」，讓嘴角牽起一泓「引」揚之音，讓微笑發聲。

疫外

2019年時，因應疫情，在許多的場合都得戴口罩，就這樣戴著戴著有人也戴出了心得。

一位女兒正讀大學的同事就告訴我，她的千金寶貝本來比較內向害羞，不習慣和人攀談、交流，但自從戴了口罩以後，似乎在人際上大方了許多，和一般人互動話也多了。

戴口罩，讓人「變勇敢」了。
……難怪，做壞事的人一般都會戴口罩。

呵呵，雖然我們以說話為業，好像比較敢言敢語，但真的……我也有感覺，戴著口罩說話會更直接了當的陳述己見。說話會更有條理性和力道。

這或許是戴了口罩為了急換氣，所以就逼著人非得快快把話說出來不可吧。
您也有戴口罩的體驗嗎？得您開悟訊息了。

甘做泥菩薩

常想自己到底是菩薩，還是泥菩薩？

自己每天都在幫很多人解決問題，指引方向，活像菩薩。

可回到屬於自己的生活中，一件件待解的問題，一樁樁待完成的功課，要嘛找不到方向，要嘛使不上全力，無用的像尊泥菩薩。

自己到底是哪一尊呀！

甘於做泥菩薩吧，久病若能成就出良醫，那泥菩薩遭逢的困頓、難解，也必定是成為菩薩的必經之路。

音鑰 10

啃蘋果打哈欠

如果自以為聲音好聽，那是因為自身的骨傳導結合了氣傳導而形成的混音效果。

聽得到自己吞口水的聲音嗎？

嗯，很好，還是忍不住嚥了一下口水試試看是吧。

果真聽得到！

還有呀，我偷吃花生米，您不見得聽得到我的咀嚼聲，但我的自己的耳膜裡可是叩叩響。

為什麼吞口水，咀嚼食物自己聽得到聲音，而別人一般聽不到呢？

因為這些都在自己身體裡發生，自然自己獨響囉！

很抱歉不是的！

這聲響是來自於自己顱骨振動後的傳導，才叫自己「聲」歷其境的。

這樣的傳導方式，科學家叫它骨傳導。

而我們之所以會聽到聲音更多的部分則是來自氣的傳導，也就是聲音經由空氣傳進耳道、耳膜，再走入大腦。

說了這麼多，您問我到底想說什麼？

呵呵，做為一個為聲音播種的人當然要向您賣弄些音訊囉！

所以，如果自以為聲音好聽，那是因為自身的骨傳導結合了氣傳導而形成的混音效果。

至於領受聲音的人則是單純地接收氣傳導。

也因此要叫氣傳導悅耳，就要從打造音質開始。

怎麼打造音質呢？
啃蘋果！
打哈欠！

音鑰 11

再來吧！
啃蘋果，打哈欠

啃蘋果，打哈欠在告訴您張對嘴，讓您後腔打開，打開氣才能足，說話的聲音立起來，才會有好音質。

柴契爾（Margaret Thatcher）夫人您知道吧？
別說您昨天才跟她打過麻將！哈。

她是20世紀英國在任最長的首相，有「鐵娘子（Iron Lady）」的美譽。

那天在電台頻道裡還聽主持人說，鐵娘子年輕時擔任過一段時期的國會議員，但因為不懂得說話方法，經常被人插話。

等到柴契爾夫人當上首相後，就特別去做了說話的聲音訓練。

呵，以聲音為業的我，對這訊息就更刻意地拉長耳朵聽了下去。

主持人說柴**契爾夫人在發表暖性演說前會喝上一杯蜂蜜水，滋潤心肺。如果是要談一些重要政策，則會先喝一杯冰水。**

哈，您說我們曾經的柴小姐常喝什麼水呢？

之前我們説過人的聲音可藉著骨傳導或氣傳導，甚而兩樣混合，傳送到人的耳朵裡。

那時我們説要把聲傳導做好，就要從建構好的音質做起，還説方法無它，就是啃蘋果，打哈欠。

那個當下您以為我愛説笑嗎？

來，我們實做吧，試著張嘴打個大大的哈欠！
嗯，很好，就把您的記憶點留在那打哈欠張口時，口腔後上端的那個軟顎點。

再來，啃蘋果！大口啃！
嗯，是不是後端軟顎打開了。

就是這樣，啃蘋果、打哈欠在告訴您張對嘴，讓您後腔打開，打開氣才能足，説話的聲音立起來，才會有好音質。

得空試試吧。

音鑰 **12**

不用啃蘋果打哈欠了

請您把口腔打開，尤其是口腔後的上顎要打開，以便擴大發音的容量。

跟朋友們說過聲音的質感要好，得啃蘋果兼打哈欠。

熟悉臺灣民俗文化特色的朋友卻回饋我說，你乾脆要大家學學廟口拜拜時的大豬公口咬大橘子的模樣好了。

呵呵，我知道這朋友對啃蘋果打哈欠提升音質的說法，不以為然吧。
至少他覺得有誰沒事會這麼做，這根本不如法。

好吧，那我們換個方式，**請您把口腔打開，尤其是口腔後的上顎要打開，以便擴大發音的容量。**

怎麼做呢？
一樣要開口，開口先慢唸後快唸這幾組詞語：
來龍去脈
來日方長
狼狽不堪
浪子回頭

嗯，很好，沒什麼好矜持的，當遊戲練跟唸。

八十歲學吹鼓手又如何！

難得有人寫文章跟你／妳一起動起來。

再來：

牢不可破

老當益壯

老生常談

兩袖清風

只要開口練唸了，您一定可以抓到那什麼叫啃蘋果打哈欠的感覺了，因為這些詞語逼著你／妳非得從口腔後段把聲音推送出去。

繼續：

載歌載舞

鳥語花香

包羅萬象

拋磚引玉

呵呵，謝謝您這麼捧場。

您的**光明磊落**，**高風亮節**，**高瞻遠矚**，一定可以幫助您圓滿說話好聲音的**豪情壯志**。

音鑰 *13*

養聲管

藉著吸管集中發聲，再去增加發聲的阻力，進而讓這阻力回到喉頭，形成聲音「氣墊」。

您會含著吸管哼歌嗎？

試試看，**找根平常吸喝飲料大小的吸管，含著它，像吸飲料般含著它，然後對著它吹哼出聲音來**，由高而低，由低而高，時間不用長，一兩分鐘間反覆吹哼就很好了。

再接著吹哼一曲……生日快樂歌吧！

生日快樂旋律簡短，但有高有低，且人人上口，吹哼個三遍就ok了。

您說這是什麼呀！
整人遊戲嗎？

呵呵，這是慶祝4月16號「世界嗓音日」的最佳獻禮呀！

什麼世界……
對滴，世界嗓音日！

做廣播一輩子，也是最近才知道有這⋯⋯世界嗓音日。

這是在2003年由美國的耳鼻喉外科學會發起的日子。

2023年的主題叫⋯⋯「讓妳／你的聲音更動聽」。

想有動聽的聲音，方法多又多，而且各有獨門。

不過，這招吹吸管、練美聲就夠您用的了，不妨試試。

它原理很簡單，就是**藉著吸管集中發聲，再去增加發聲的阻力，進而讓這阻力回到喉頭，形成聲音「氣墊」按摩聲帶的效果。**

這樣您曉得了嗎。

知易，行易！

祝您爾今爾後聲迷千萬千。

音鑰 14

集音遊戲

做聲音的能送什麼呢？
來，我們來玩個集音遊戲。

有個說來不好笑，但蠻能切入話題的笑話。

話說某個小鎮醫生要搬家了，鎮裡的人都來送行，場面充滿了離情，醫生面對著鄉親們的鄉情，感動到說不出話來，不過最終他還是說話了。

醫生說，自己也不知道要怎麼謝謝大家的送別，也沒有什麼可以表達謝意的。

說著說著就從行李箱裡拿出了東西。

醫生說，我最多的就是這些藥了，就請大家笑納。

呵呵，您笑了嗎？
謝謝您應酬似的笑了。

接下來換我這個以聲為業的人送您個東西，做聲音的能送什麼呢？

來，我們來玩個「集音遊戲」。

「綠」、「量」這兩個字您會唸吧！

「綠！」、「量！」

很好，「綠」的開口小，隨口說說時聲音會扁掉。

「量」的開口大，不經意聲音容易散掉。

扁掉，散掉當然都不好。

所以我們要「綠」、「量」、「綠」、「量」……交替反覆的唸與練。

讓唸「綠」時口變大一點，唸「量」時聲音集中一些。

那我們駕馭聲音的精確度就會提升，說起話會更有掌握感。

呵呵，賣聲的沒啥好送人，但總比送藥的好。

音鑰 *15*

縮閉開大練練口

古人用讀音展現了「字的表情」。酸、甜、苦、辣，一、二、三、四聲，盡顯口味特質。

拍照的時候掌鏡的夥伴見大家嘴角緊閉，表情僵硬，
大喊了一聲……
西瓜甜不甜！
霎時間「甜」聲四起。
現場沉悶的空氣也隨之流動了起來。
哈，您是不是也要來個……
甜～呢！

我們經常讚嘆著老祖宗造字的智慧，像山、川、日、
月，哪一個不是來自形與義的結合。

只是這些已知的「精美」，因為「太已知了」似乎已
不容易打動人心。

倒是音與義的結合字，或可引領您深探其趣。
不是嗎！

酸、甜、苦、辣，

您不妨「酸甜苦辣」地順它一順，會發現祖先造字可不是隨便糊弄，有些字的讀音與它的意思關係密切。

古人用讀音展現了「字的表情」。

齒、喉，音結「部位」。

呼、吁，音結「動作」。

喜、怒，音結「情緒」。

字音表現字義。

對用聲音的我更為有感。

音鑰 16

一家子兒

兒化音對南方人來說是個考驗。如何從粒粒分明轉而化之？

那年榮獲電影金馬獎最佳劇情片的片名您會唸嗎？

什麼片名？

一家子兒咕咕叫。

噢，我還以為有什麼疑難雜字呢！

一家子兒咕咕叫！

是呀，您是粒粒皆分明似的，一個字一個字的唸嗎？

還是，

在「子兒」處有所轉而化之呢？

舉例說，

一邊兒，若是一字一字說，恐怕您自己也覺得怪，非得要把邊兒兩個音化在一起。

這在發音術語上叫「兒化音」。

這對南方人來說，是考驗。

所以索性我們就不兒了，而是一邊如何，又一邊如何的說。

好，那回到這部得獎電影來，它是一部全臺灣背景的電影，而且以臺語發音為主，但它的片名卻用了「兒化音」，因此一開始我以為是北京來的，看劇情簡介才知道講的是臺灣以賽鴿維生的「一家子人」的故事。唸起片名來也就硬生生地臺灣化了，叫「一家子兒咕咕咕叫」。

也好，中國音臺灣化，另類兒化音。哈。

當然買一送六，**如果您想地道一點兒練兒化，試試這吧！**
刀把兒；名牌兒；臉蛋兒；
在哪兒；小孩兒；老伴兒。

練順了，您或許就會覺得「兒化音」亦不過爾爾！不怕啦！

語形之鑰

說話有呼吸感，聲音會跳舞

形鑰 *1*

做個「頻道切換」
高手

「說話」是在「如風」的瞬間傳情達意，沒有累積靜態的功課，就會在時間壓力下顯露出話語的貧乏。

大家都希望「把話說好」，練聲音、調語調，似乎是最貼切的元素，只是在音聲之外，還有一個容易被忽略，卻不容忽略的核心，那就是不可或缺的文字能力。

「說話」是動態的捕捉，
「文字」則是靜態的梳理。

講白一點，寫文章一邊想一邊寫，比較容易建構層次跟縱深；「說話」則在「如風」的瞬間要傳情達意，如果沒有累積靜態的文字功課，就會在時間壓力下顯露出話語的貧乏或淺薄。

但往往會「寫」也不見得會「說」。那是因為「寫」跟「說」分屬二個不同的開關，**我們在強化「寫」的功夫時，就要特別練習，拉出一條「連結」到「說」的表現上。**

現在智慧平台的運用這麼普遍，大家天天訊息往來，在抒發自己想法的過程中，一定有增、刪、調整，這就是藉文字整理思考，累積「記憶資料庫」的功夫。

待訊息文字完成後，把它輕聲唸出，再闔上文字，用「演練式」把自己所寫說出來。

就這樣持續練習，您會驚覺聲音──「說話」原來這麼容易駕馭。

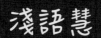

猴子還是聰明的啦

莊子說過一個故事，養猴人跟猴子們討論早晚吃橡實的數量，養猴人原本設計早上吃三個，晚上吃四個，就是我們常聽到的「朝三暮四」。

只是派令一出，群猴反對，養猴人靈機一動，乾脆改成了早上四個，晚上三個，「朝四暮三」。聽說猴兒們因此興奮莫名，再三稱讚。

很多人都笑猴兒笨，三和四，四和三，不都是七嗎！高興什麼！

猴兒真笨嗎？

從前我也人云亦云。但不知哪來的靈光，突然覺得猴兒可聰明呢！

如果「旦夕禍福」是人有的如常，那「先吃先贏」還真是聰明的抉擇。誰知道早上的三，吃得到暮色的四，不如能拿就先拿，「把握當下」方為上。

朝四暮三，「人生本無常，甜點要先吃」。猴子還是聰明的啦！

老天說了算

朋友留了段話「一切都是上天最好的安排」。
果真是這樣嗎？

果真是……，
因為我們看不到自己的下一集人生腳本，與其忐忑，
不如……安然，不如……順受逆來。
果真不是……，
因為我們的生活總是層層套疊，不爭取，信上天，真
能有最好的安排嗎？

就算我經常會徘徊在「是」與「不是」間，但最終還
是會告訴自己「別再多想了，一切都是上天最好的安
排！」

因為「逆多於順」的日常，
這是最省力，最節智（不費心思）的功夫。
「一切都是上天最好的安排」，
老天呀，您可要好好安排！

形鑰 2

找尋「說話的眼睛」

偶爾點入俚語、順口溜,或俏皮話,藉著不使人設防的通俗,而活化了妳/你說話的共鳴點。

妳／你愛唱流行歌曲嗎？

或者說妳／你記得多少流行歌曲呢？

再多的遺忘，相信也還是有一些依稀的記憶吧！

尤其是那歌曲中的「副歌」。

近日我們家對門老傳來一個正在變音的男孩，割喉似的唱著周杰倫、費玉清的合作曲：「我送妳離開，千里之外，妳無聲黑白，……」老實說，對他的驚擾怨歸怨，也還真在心中、在喉間，應和了他的牛聲馬調呢！這就是「副歌」的力量。

聽說寫詩的人，也會在詩中埋入「副歌」的力量，當然，那不能叫「副歌」啦！而是叫「詩眼」。

詩有眼睛？對！

一首好詩是可以找到眼睛，大家都很熟悉的「春風又綠江南岸」，其中的「綠」字就是「眼睛」，因為它用活了詩意；又比如說「僧『敲』月下門」、「念天地之悠悠，『獨』愴然而淚下」，這都有眼睛的力量。

那「說話」呢？
「說話」的『副歌』是什麼？
「說話」的『詩眼』又是什麼？

有人愛用名人佳句「莎士比亞說……」、「亞里士多德說……」很好，很有說服力，但怕被誤解成「賣弄」，而抵銷了說服力。

偶爾點入俚語、順口溜，或俏皮話，那倒是可以藉不使人設防的通俗，而活化了妳／你說話的共鳴點，讓人無形中走入了妳／你的話境。

如果覺得這些較缺少時代感，建議妳／你多看、多領會一些媒體的標題語。不是強記喔，而是多「咀嚼」。

很自然地妳／你就學會了「賣原子彈的比不上賣茶葉蛋的」那種逆式慧黠。
妳／你講的話就會被自己刷亮，但請記得，
別往「尖酸刻薄」去。

語境呼喚心境

我說「青山依舊在」，大概許多朋友都接得上下一句
「幾度夕陽紅」。
我們讀過的很多好的詩作，在人與時空的對應中，大
都是以時空的恆長慨嘆人身的匆促。

在報章的一角，看到了一段有別於此的詩文，瞬時間
叫我動容。
「鳥飛過天空還在」
再偉大的我們，或我們之上再偉大的先人們，都是
「鳥」，都會「飛過」，再多對「飛過」的著墨，終
究不及……「天空還在」。

好佩服這位詩人，臺灣的林煥彰先生。讓我打從心底
共振的還有這段話：
「活著認真寫詩，死了讓詩活著」
我們都在寫著不同的人生的「詩」，這段話有著深遠
的指引，標示了努力的價值，好棒。
林煥彰先生，朋友得閒，可以關注一下。

火種

聽到我同事的一段廣播節目，介紹一本談寫作的書吧，因為是邊辦公邊聽，所以也不是完整吸收，但那聽到的片段卻清楚地啟發了我的想像。

原來從發想到成型是那麼的簡單，一個角度輕輕地啟動，就能引發源源不斷的內涵。

節目裡用了三段話引領各自想像，要不要也練習一下……
「我喜歡……」，想想您……喜歡什麼……接龍吧，延伸故事吧。
「我覺得……」，
「我熱愛……」

都是可以讓自己整理人生、開拓胸懷的火種。
多好，一個「起始語」教人訓練思路，教人感受美好。

形鑰 **3**

當林志玲邀您一起
去「搭灰機」時

再美的京片子，終究要回到能不能「入腦、入心」。

您會把「閱讀」說成「夜讀」嗎？

您會把「琴弦」說成「琴玄」嗎？

剛開始當上專業廣播人時，我常用這樣的標準評量一個人的說話素質。

廣播做久了，不知道是退步，還是更體驗生活語言的自由自在，反而對這些「音準」問題不再那麼豎起脊背來似的「苛責」於人了。

所以，對於有人把「123～4（似）」說成「123～4（是）」我也總是笑笑地「收聽」。

我自己建構的「說話好聲音」，是比較偏向「清不清楚」、「愉不愉悅」、「誠不誠懇」，因為再美的京片子，終究要回到能不能「入腦、入心」。

我有好多聲音標準、清悅的播音員朋友，他／她們報起新聞來「字很正、腔很圓」，每一個字音像極了臺灣池上精米的米粒，飽滿耀眼，但走下主播台，也許職業養人，有的人在跟您說「情話」，可能都成了跟您「喊話」。

我喜歡帶有鄉音的南腔北調，也許有一點土氣，但只要清楚，有溫度，反而更能接地氣，「道進」或說「倒進」聽的人的心坎裡。

這麼說，您以為我接受「帶著飛雞上灰機」的語音囉？
灰也！噢！不，非也！

想想，美美的林志玲跟您說「我們一起去搭灰機」您還會有更多美麗的遐想嗎？就算她已經結婚添了寶貝了。

我們靠衣著得體、舉止有度，流露基本素質，「準確的語音」當然也是增益素質的一環，只要不以此做為「傲人」的壓力，謙虛地調校自己的語音，當然有必要。

絲、螄有兩種

廣播人把講話講得不順溜,說成「吃螺絲」。
是,就是,很多人以為就是「吃螺絲」。
「螺絲」是金屬製的五金用品,當然不能吃。

但可以想像,一個以說為專業的人,沒把話音駕駛
好,自然就像吃了顆旋了又旋、迴了又迴的螺絲,溜
不回正軌。

直到「螺螄粉」這民生小物成了臺灣的政論大話時,
很多廣播人才回了神,原來是「吃螺螄」,可真不是
「吃螺絲」呀。

怪就怪在,臺灣「螺絲」是通識,「螺螄」呢?可就
是經驗外的少數人知道的可口美食了。

而且這「螺螄」有意思,以師為型,總誤導人把它唸
成翹舌音「師」,事實上「螺螄」的「螄」還是讀作
「絲」字音。

就因這大陷阱，習近平先生之前視察南方時，誇讚螺蜥粉好吃而且大碗，就師、師、師、師個不停呢。

「吃螺蜥」聽説是戲劇界的行話，説的是演員在台上表演，説起話來不順溜，廣播還是借它來用的呢。

一句臺灣人幾乎不知不會用的歇後語：
「二韃子吃螺蜥。」

二韃子是笨笨的人，看人吃田螺用竹籤刺入，七轉八扭地把肉拖出享食，就以為説話也是這般七拐八繞才能道出真意。

所以就此延伸，説人講話直打圈，老進不了核心，就成了「把吃螺肉當説話的二韃子」啦。

牽了幾隻獅（塞）

這個分享我曾在央廣志慧節目中轉述過；也曾在家裡跟老婆大人臭屁過。

志慧節目裡的呈現除了希望讓大陸聽眾感受到另一種語文的趣味外，也兼著做臺語教學，創造收聽之餘的互動。

至於老婆大人，聽了我說完之後只給了我幾個白眼，呵呵，儘管我有點受傷，但猜想她已然對號入座了，哈。

朋友說：「您還真臭屁，到底分享了什麼呀？」

呵，先來建立兩個臺語的基本資訊吧。
東西南北的「西」，臺語的發音是「塞（sai）」，是的，塞。

虎豹獅象的「獅」，臺語的發音也是「塞」。「西、「獅」都說成「塞」。

好，埋伏語境機關的人來啦！

這人說：
快樂的人會牽三隻獅子出門；
不快樂的人也會牽三隻獅子出門。
牽狗牽貓牽牛，我們或可理解，牽獅子？呵，好大的膽呀！

這人進一步說了：
快樂的人牽哪三隻「獅（塞）」呢？
第一隻，看東看西（獅、塞）。
第二隻，買東買「西」。
第三隻，呷東呷「西」。

好，這人會掰喔，那不快樂的呢？

嘿嘿，

怪東怪「西（獅、塞）」；

怨東怨「西」。

罵東罵「西」。

創作的人藉著語音的相通，埋伏了語趣在裡面，果真高明。

而更更高明的是心領神會後的我們，是不是也開始數算自己牽了多少隻快樂「獅」，不快樂「獅」出門呢。

語言有趣，語音有靈，直達人心。

形鑰 **4**

「臨摹」、「聲摹」
one 摹、two 摹……

「聲音」主晚運的財，而且「有聲的人」才會有運。

説話時的聲音表現，對每一個人來説真的那麼重要嗎？那就先來點「玄」的！

根據香港知名命相學大師李居明先生的説法，「聲音」主晚運的財，而且「有聲的人」才會有運。所以李大師主張小朋友一輩子要行運，做父母的要多訓練他們唱歌。

如果您説，「玄」的我不信，
那我們從中國的醫理精華來看。
北京名中醫曲黎敏教授説，人的五臟和自己的五個聲音對應：
肝對應的是「呼喚聲」，心對應「笑聲」，脾對應「歌聲」，肺對應「哭聲」，腎對應「呻吟聲」，因此「以聲領氣」，全身就能通氣。

説了這些如果您還説，我既不信「玄」，也不信「醫」，那麼您總該相信自己的耳朵吧，**沒有人會喜歡「嗔怒聲」、「狂傲聲」、「嫌惡聲」，甚或輕到表現的人都自以為對方不會注意到「嗤鼻聲」**，是吧！

不過我們也相信生活中不會有人集此「聲之大全」，
那不就要開「惡聲博物館」了嗎。

我們聽到更多的是易招人欺負的「含糊聲」、無法相應於身分的「稚聲」、或者是高八度的「拔聲」。這其中尤其以「含糊聲」最為普遍。

我想除了少數人是生理因素之外，更多的則是習慣的養成。嘴太緊、太扁、對自己的聲音沒信心、……，發音就不完全了。人的舉止有所謂的「畏畏縮縮」，聲音的表現相應也會有，而且往往「心縮了」，聲也就縮了，二者互為循環，最終「含糊成習」。如果您想「破習而出」，從當下起養成每日固定「跟唸」的習慣，找一位自己心目中的白馬、紅馬……什麼「馬」的「聲子」都行，跟著她／他的聲音唸。

這是書法中的「臨摹」功課，放在聲音中就是「聲摹」了。每天除了勤快的「one摹」、「two摹」……外，也要「朗聲」。

廣告紙、餐廳裡的宣傳文字，您都以把它讀出來，大聲讀出來，只有「大」才能調整「縮」，久了還要在大聲中加入「聲情」話境的彈性，而不是笨笨地一味的大聲，否則就都成了「大牛」了。

良品有印

傳統過年，「舞龍舞獅」是必配的圖景。
我的家鄉話對這充滿活力的舞動，又說得更傳神了，
叫……「弄龍弄獅」。

「弄」既有「舞」，更有「戲」的趣味在裡面呢。
舞獅的獅面造型，不知道您仔細看過沒。一種是閉口
獅面、一種是開口獅面。
「閉口獅」舞弄時，要借勁展勁。

「開口獅」則側重於「臉態萬千」，耍弄中它那張合
的口型，在霸氣中會自然地顯露巧趣。
一般朋友也都會發現，獅面額前會被點上硃砂或寫入
「王」字、畫上火焰等等。

這是人為造作，想這頭猛獅被人馴服，「知書達禮」
後才能成神為獸，所以就得給它這些個……有印良
品了。

髒了就擦

我的家鄉話「人在算，不如天一劃」，在您的人生體驗中，有「被這一劃」嗎？

一位好朋友說「老天是最棒的數學老師」，她的人生觀察是「老天對我們有一套公正的加減乘除」。

我新竹老家附近香火鼎盛的城隍廟，在城隍老爺座前上方的廟樑，架著一個大大的算盤，盤架兩邊還刻著斗大金字：「世事何須多計較，神天自有大乘除」。

每次抬頭看到這二行字，心頭就有一個大大的迴聲──「自有大乘除……自有大乘除！」，繼之而起的是驚恐，憾恨……絲絲又絲絲。
但這「電療」，也僅止於當下，回到滾滾紅塵，亦復紅塵滾滾，早丟了「何須多計較」的修為。

不過，還是得給自己覺醒的機會啦，至少時時勤拂拭，「髒了就擦吧」！

形鑰 5

讓「說話」喘口氣

更重要的是「要說散文」，「別說小說」！

我有一位好朋友，很聰明、常識很豐富，我們遇到任何疑難雜症，找他基本上都能梳理出蛛絲馬跡，而最終獲得解決。我們都很喜歡他，但，也很怕他，因為只要他一開口，就像關不住的水龍頭，嘩啦嘩啦地說個沒完。

所以一般來講，除非萬不得已，大家不會去找他「拿解方」，只為在獲取靈丹妙藥前，先得熬過疲勞轟炸。

這位好朋友因為收不住話匣子，而失去了幾次關鍵性升遷機會。基於友情，我曾多次婉轉地提醒他收斂一點，但似乎江山易改，「長話之性」難移。

這也讓我連想到一段印象深刻的文章標題──「你聽到文字的呼吸嗎？」

對，**寫文章要適切的運用長句、短句交陳；要掌握標點符號的落處，才不會叫人「窒息」。「說話」也一樣，哼、哈、啊、嗯，是語氣上的標點但更重要的是「要說散文」，「別說小說」！三、五句話說完了，**

要留予人一、二句話的回應，這個叫「會呼吸的說話」。

詩人余光中先生說過，英文用標點符號，是為了文法，中文則是為了「文氣」。

「文氣」就是「呼吸」，就是讓人「喘口氣」。易學演說家曾仕強先生也說過，要訓練能用三句話將一件事理說完的功夫。因為「長了」，就「繞了」；「繞了」，就成了聽者的一場災難。

懂得掌握說話的「呼吸感」，您的話音才會跳舞，當大家都願意為您打開耳朵時，您所說的每一句話，才會成為大家同頻共振的心跳。

另類的歉意

不知道自己這樣做對不對，但是這位司機後來做得很對。那天中午坐公車去大直街上辦點事，因為路程不過三、五個站牌，就索性站在靠司機近一點的地方，心想下車也方便。

過站間上來了一位拖著行李，行動似乎有些慢拙的老人。這時只聽到司機喂著嘴要老人……動作快一點，而且連呼了二、三次。看到、聽到這番景象的我，心中著實交戰了一下下……該不該給這司機一些提醒？

我還是開口了「你們公司有限定行車時間嗎？」他回我：「有呀！」我再問那像剛剛這老人不能等他一下嗎？他回我：「你不知道有些乘客就是故意的！」我說：「可是這案例不是呀！」

我看著他的執業牌，問他：「您姓陳呀！」

這時他似乎意識到我的不平，立刻舉起了握在方向盤上的右手，豎起大姆指，對我回應了個讚。我知道他清楚了方才的行為有失服務精神，又怕我舉報，就更難自處，所以即時表達了另類的歉意。

在這個凡事能拗就拗的年代，有人還願意放下臉即時反正，叫我吃驚，卻也佩服。所以我也立即回以歉意，畢竟是在不少乘客的車廂裡提醒他，也當顧及人家的顏面。

凡世間沒個準

初學作文時，老師們千叮嚀、萬叮囑就是「別記流水帳」。

我們也盡力擺脫早上起床洗臉、刷牙、……，而盡往深處練。

現在要說「可記流水年帳」，反倒自覺罪過了。

不過我也想……有何不然。

看那些大明星，吃個飯、買個鞋、閉個眼，不都是粉絲們追索的美好與興味嗎？

當然我也敢打賭，在他／她們的「星海裡的柿子」還沒紅時，一定不敢吃飯、買鞋、閉眼地當作宣傳，因為誰理他／她們呀！

所以初練作文時「不記流水帳」是戒律；成名時「要記流水帳」是樸素、是親切，是像鄰家的靚女、帥哥。

凡世間可沒個準呀！

至於我……有記流水帳的本錢嗎？

呵呵，本分點兒吧。

形鑰 *6*

話出如風，不如風
——找尋「話的形狀」

先有好的文字內容，再交給「口」來「演練」，最終來「表現」。

魯迅先生說過，好的語言要有「三美」。一美是「意要美」，說出來的話，意思美了才能感動人心；二美是「音要美」，話音悅耳，才能啟動耳朵；三美則是「形要美」，形美了才能「養眼」，打動雙目。

前面二美是我們一再跟大家分享的說話的主要元素「語意」和「語音」。但第三美，「形美」，坦白講較難意會。雖然說「冷言冷語六月寒」，但畢竟話出如風，何來具象之「形寒」？

有人延伸了這個問號請教魯迅「阿Q不是中國人嗎，為什麼取了個洋名字？」，魯迅的回答是「阿Q是個光頭，後腦勺留了個辮子，不就是個Q字形象嗎！」。

喔喔！終於理解了，魯迅把「語言」終究又回給了「語、文」。

常聽人家講某人說出的話，就是一篇文章。這是對說話者的高度讚美，因為文字可以前後修整，但話音出

口了就算落形了，所以說話可以成文，是多麼了不起的功力呀！

或許這種功力我們大部分人都尚未具足，但我們要「把話說好」，卻可以把「說話說到可以為文」倒過來訓練。也就是先有好的文字內容，再交給「口」來「演練」，最終來「表現」。

我們在初階段常用的方法是「用我手寫我心」，把心裡想講什麼或想論述的內容寫出來，再經過修飾、剪裁，然後交給眼睛、嘴巴看著它，把它說出來。

這是一個由具說話形式的思考，轉譯為文字，再由修整文字，轉換為口語傳送的演練過程，分解動作看似繁複，但順著練習一次，您會發現它並不困難，難在您有沒有想把話說得更好的自我要求。

這樣的演練也不用多，分10天，每天玩個1次就可以了。

打好了初階基礎，要跨入進階更簡單，不用自己想又自己寫了。只要每天擇定一個篇章，別太長，7、800字內皆可，請您用心看完它，把重點做個筆記，然後就闔上篇章，依著筆記重點把剛閱讀過的篇章內容說出來，一樣分10天，每天玩1次。

這簡單的自我訓練不但可以成就魯迅所講「說話形要美」的美境，重要的是連結出由心而口，由口而心的說話力。

任誰也逆不了的

那天坐計程車上班，不因疫情、不因撿到錢，只因車子送保養，隔天才能取車，只好奢侈一下坐計程車。一般坐車我都習慣跟司機大哥聊一下天，以解車上太過安靜以致顯得凝重的空氣。

這司機有意思，是說話高手也是在地通，從臺北街道的劃分談到了臺北各大城門。最高潮的地方，還講了段臺語順口溜，談的是親情、族情的短促。

他是用臺語唸，我試著把它翻成國語：

「一年姑，二年婆，三年散了了。」

再親的「姑姑」會變成新一代的「姑婆」，「姑婆」又「姑婆」再過一代……就親情、族情通通都散光光了。

呵呵，這果真就是人倫的演化，任誰也逆不了，也不需要逆。就更不必嘆息了。

我們之間呢？老話最受用：「且行且珍惜」。

親親疏疏

之前分享了計程車司機的「人情社會學」，一想其實漏了對稱的另一段，這一段應該是上聯：「一年親，二年表，三年無了了。」這是從男方角度的觀察。先前分享的：「一年姑，二年婆，三年散了了」則是女方親戚的視角。

但不管哪個「角」或「度」，都在說那個事實存在的人倫斷落。
其實想想，一切正常。

事本如此，由親而疏，由疏而親，親親疏疏構成了人際網絡，似乎再自然不過。

只是……還是「只是」……，人難免對所謂的「一脈相承」的情有不捨，而慨嘆無法永續家族情。

呵呵，再說這些……就補述而已，
已然……平靜……麻木…哈！

形鑰 7

別當那只是
「笑話」一場

「笑話」是說話這門功夫
多元表現的縮影。

講了一堆「說話」的理論，朋友問有沒有最直接了當「把話說好」的捷徑？

當然有！一個方向，二個累積。就是以「笑話」做方向，進而在「看笑話」和「說笑話」中累積。

「看笑話」可不是見人起高樓，笑人樓塌了的「看人家笑話」，而是多看、多搜集各式笑話；「說笑話」則可推而知之，就是練習「講笑話」。

「笑話」對奠定說話的功夫真有那麼決定性的影響力嗎？是的，「笑話」是說話這門功夫多元表現的縮影，如果您不想說出來的話敲動人心，那就罷了！

如果想，那您就必須理解「笑話」真的是把話說好的「濃縮包」、「精華露」。

「說笑話」可以「學習語言佈置」、可以「學習聲調表情」、可以「累積語言智慧」、可以「讓您想傳遞的訊息更快地走入人心」。

舉個例子，老闆走進辦公室，發現老張在喝酒，問老張怎麼回事？

老張先是跟老闆致歉，再笑著跟老闆說：「我在慶祝我被加薪20周年！」先別追索老張的下場，笑話的「語花」，大概也就到這兒了。

這段劇情陳述就是「語言布置」，忽略語言布置的人可能會先說老張在喝悶酒、老張好多年沒加薪了、……，那這劇情的轉折點不就沒了嗎？怎麼拉住眾人耳朵、衝出會心的「拈花微笑」呢！

短短的「笑話」，訓練了我們的「話語布置能力」，把話說得邏輯貫通，就是這般累積而來！更甭說扮演主述、老張、老闆的語音角色；更甭說老張的反語智慧。這輕薄短小的「笑話」都為我們辦到了，只看我們會不會用。

但「笑話」畢竟還是給人短淺的感覺，如果我們能從兼具「笑話」特性的「趣談」提升，那說話的質感又不一樣了。有一年美國基督教科學箴言報舉辦寫給

成年人看的童話徵文，徵稿要件是要有教育性、科學性、趣味性，而且越短越好。得獎的是一篇只有30來字的短文——「一支燃燒的煙」。內容寫到：「一支冒著裊裊青煙的香煙，指著自己說『我是最好的教材，證明抽煙會縮短生命』」。

您瞧，這是不是把「笑話」的質地提升了嗎？像這類「趣談式」的素材，多接觸、多做口語演練，一定可以訓練好說話力。

不過、不過，**「說笑話」、「聊趣談」都很好，但別輕薄了自己的語言習慣。**

人家說最好的幽默就是幽自己的默。演練過程中那個最該「被默的」，最好換成自己。說別人「頭髮少」，不如說自己「無髮無天」，笑人家「矮肥短」，不如說自己「不怕天塌下來」。總之，歡迎大家一起「看笑話」、「說笑話」，最終「說好話」。

醜得會心

人長得不怎麼樣,怎麼形容呢?
比較接近現況的説法是⋯⋯「這人長得抱歉!」

呵呵!
因為我也是「抱歉款」,或許可以再「呵」大聲一
點,「呵」長一些⋯⋯呵呵呵!

那天聽台裡音樂節目介紹了一首好聽的歌曲,但是歌
名就有點給人唐突爆笑,叫⋯⋯「醜得很像髒話」。

呵呵!現代語言很白,卻也很巧。在忙著梳理語境
時,靈光一會,往往都會被這些話語給拋向九霄雲
天,卻又瞬間一墜,暢快至極。

還記得趙傳的那首從醜反正過來,給我們這種醜人帶
予希望的歌嗎?「我很醜可是我很溫柔!」比「醜得
像髒話」聽起來舒心多了。
記憶中古人説長得「不知如何是好」的話,大概就是

這句最「被印象深刻」了，「貌甚寢」，長得像剛睡醒或睡不醒的樣子！

呵呵！這會兒我又可以會心「呵呵」了！

人生的旋律

阿妹有一首經典歌曲「原來你什麼都不想要」，您是不是也能輕和兩段呢？

原來你什麼都不想要⋯⋯

呵呵，歌喉不錯哦！

幾天前聽我們台裡的一個音樂節目才知道這首歌潘越雲唱過，但不叫「原來⋯⋯」而叫「誰辜負誰」。

只是，這首非阿潘主打歌的非主打歌，當年並沒有讓人留下多少印象。

只是，誰又能算到當這首歌翻轉成「原來你什麼都不想要」時，居然被唱紅，還建構出了阿妹的另一塊重要歌唱里程碑。

您的人生是「誰辜負誰」的旋律嗎？

別輕言放棄，時空翻轉，原來你什麼都不想要，也能唱紅你的人生。

形鑰 *8*

說個不一樣的
「雖然……但是」

您相信嗎？我們大人世界也經常用「造句法」說話。

大家都很熟悉的，小朋友造句衍生的笑話。「難過」我們家門前有條水溝很「難過」；「況且」一輛火車經過，況且、況且、況且、……。

我們聽了都笑了，哪管聽過千百回，總還是「不覺莞爾」。

您相信嗎？我們大人世界，也經常用「造句法」說話，但就不見得說出後會叫人「莞爾」了。

大人們最常用的造句是：「……雖然（好的）……但是（不好的）……」。不信，您聽：

父母對兒女說：「你這次『雖然』做了很多準備，『但是』怎麼還考得這麼差！」

上司對下屬說：「大家『雖然』都很賣力，『但是』業績還是不如XX公司！」

女朋友對男朋友說：「你『雖然』很用心，『但是』不夠貼心！」

「雖然」是聽者的天堂。但是，「但是」一出口，聽者就墜入地獄啦！

如果說話的目的是為了打敗聽話的人，那麼這種「……雖然（好的）但是（不好的）……」的造句說話法，一定是攻擊的利器之一。

只不過，**說話的目的多半在「求溝通」、「找認同」、「講進步」，所以「雖然（好）但是（不好）」的原型，就要改變成「雖然（不好）但是（好）」，之後再加上一個「建議」，比較能入腦、入人心。**

不知道我在說什麼嗎？
再舉個例子：
「你『雖然』在看書，『但是』被我發現偶爾也在打瞌睡」這是原型；翻轉後是「你『雖然』被我發現偶爾會打瞌睡，『但是』還是很認真看書」，緊接著就是您要「置入性行銷」的「建議」模式了：「以後要注意，能不熬夜就不熬夜，身體重要！」

從重點式的「指出問題」再到大大的「肯定表現」，最終進入說話目標的「問題改進」，這樣「雖然……但是」的說話模式，才能讓受者打開雙耳，點頭稱是。否則，「雖然」一出口，便知陳腔濫調又來了！啪、啪、啪！所有的耳朵都關上啦，終究只是口水多過了茶水。

留餘

「別把小孩寵壞了！」
您是不是偶爾也會對著別人或自己，說這句話呢？
如果您也有小孩的話。

現在我們套用句型，把「小孩」換成「自己」，用
「別把自己寵壞了！」來說說看！

「別把自己寵壞了！」
我常用這句話提醒自己，尤其是在生活需用上。
明明高檔水果好吃，「別把……」，我跳過去，選擇
了一般。
明明電梯空著，「別把……」，我驅策雙腿走上去。
明明是自己參與的成果，「別把……」，我隱化了，
讚美眾緣。

「別把自己寵壞了！」降低需求，只為……「留
餘」。

視金錢如……

朋友説：「視金錢如糞土」。差點沒把我嚇暈了。

錢非萬能，沒錢就啥都不能了。所以就算「糞土」也要多加珍視呀！

一位在錢堆裡打滾的朋友，跟我說過最真切的話：「這世上什麼都能裝，裝有學問、裝有氣質、裝帥、裝酷、……，獨獨口袋空空就裝不出有錢，一裝就破功，一沒有錢，一切動彈不得。」

呵呵，這就是真實。

只是倒過來説，「視金錢如生命」又如何？

肯定沒有人會喜歡這樣的人吧，窮到只剩下錢，那也是極其悲涼的事，再多的淺釋、延伸，也就多餘了。

「視金錢如糞土」？

「視金錢如生命」？

我們都不是走極端的人。

但，還是錢多一點好。哈！

形鑰 9

芸芸詩詩冰冰

「疊詞」有強化進而幫助
聽的人留住訊息的效果。

重要的事要說三遍。

為什麼不說四遍、五遍呢？
因為比三遍再多一遍，就成了……跳針。
哈！

「重要的事要說三遍」是這些年的網路流行語，說話
時試著溜個一句，或許會讓自己更有一種莫名的時
髦感。

**其實「重要的事要說三遍」在我們的生活中早就被運
用了。只是我們通常只說兩遍。**

不是嗎，

媽媽對小朋友說：穿鞋鞋！
爸爸對小朋友說：玩車車！
呵呵，標準地兩遍到位。

朋友要說這哪叫「遍」，這是「疊」。

是呀，疊詞！

「疊詞」跟「說三遍」的「多遍」，都有強化進而幫助聽的人留住訊息的效果，尤其是小小朋友。

語言專家說對理解力尚在成型的幼童，動詞加雙賓詞的「動賓賓」語境是必要的。

像動詞加雙賓詞的「逛街街」、「喝水水」、「吃飯飯」，相較於「逛街」「喝水」「吃飯」的語境識別度就強大了許多。

只是「疊詞」像兒童玩具，大人間能用的就是「說三遍」了。

消暑又何礙

好朋友傳了個標點符號練習題，要不要也玩玩。

身高一米七八年收入百萬人老實話不多。
怎麼樣？
下注了沒？哈，簽樂透啦！

如常是：身高一米七八，年收入百萬，人老實，話不多。

在哪裡？在哪裡？或許有朋友急著被物色了！
別急，還有「狠角色」。

您看看：身高一米七，八年收入百萬，人老，實話不多！

嘿嘿，嚇死人啦！

在文字，這叫標點符號的精妙；
在說話，這叫語氣與段落的關鍵。

擬音後的「貪小便宜」

那天跟好朋友聊了些事情，閒談間講到了社會上有些人總愛貪小便宜，當時我回應了一句相對語意的臺語，哪曉得這朋友求知欲旺盛，特別又來訊問：「你說愛貪小便宜叫『消披練（siáu-phí-gián/siáu-phí-lián）』？這『消披練』，好特別的發音，是怎麼跟貪便宜連在一起的呀？」

哈，當下還真被問得啞口無言！心想：「啊就阿母教的呀！不然咧！」

哈！

這貪小便宜臺語的發音是「消披練」，但果真就這麼寫嗎？

恐怕也不是！

以前我常自以為是的用半音半意的方式說臺語的貪便宜叫「小鼻輪」，有一種用華語的「小鼻子」、「小眼睛」來演繹的意思。

只是上網找了找、看了看，還真沒「小鼻輪」，也沒「消披練」！比較多的是「肖批練」、「消批練」，但意向上更貼近的似乎是「小鄙臉」！

呵呵，我猜這也應該是比「小鼻輪」更有古字學的人拼音取意吧！

在還沒有找到語源或永遠推敲不出語源的當下，我們就先用「消批練」、「肖批練」、「小鄙臉」、「小鼻輪」的擬音法，來親近這從中原輾轉流變而來的古老音韻吧。

形鑰 **10**

話術之外也有術

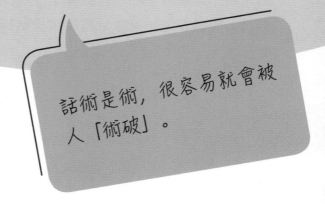

話術是術，很容易就會被人「術破」。

一則轉譯自英國鏡報的報導，敘述了一對百歲人瑞夫妻分享的婚姻幸福之道。

呵呵，她們的康莊大道還真不是什麼舉案齊眉、治國平天下的，而是千家萬戶都可能會發生的吵架鬥嘴。

總結他們74歲兒子的觀察，再換做我們粗淺易懂的說法就是，這對人瑞夫妻經常「床頭吵吵，床尾和和」，吵吵和和已然75個年頭了。

嘿！這樣的夫妻相處之道，是不是也叫我們的肩頭輕鬆許多了呢。

所以，府上繼續吵吧，記得和回來就好。哈。

其實這不是看到這篇報導的主要心得，報導為了讓我們知道人瑞有多人瑞，就好像我們常會用幾個足球場大來形容某個占地面積般。報導的講法是，這對夫妻在1947年結婚時，英國已故女王伊莉莎白二世還沒登基；現在世上121個國家當時還沒建國呢！

有些人常說說話要有「話術」。坦白說現在已經是遠遠超越沒知識也要看電視的「網視網知」的年代了，話術是「術」，很容易就會被人「術破」。

真正要練的「說話術」，不如這種說出來讓人聽得懂，而且聽得玩味的實術。

言語創造可理解的空間

那天很幸福，聽一位火紅鴨肉麵店的老闆娘說什麼叫「和氣生財」。

開店，尤其是飲食店，而且還是生意興隆的飲食店，經常會遇到三頭六臂般的客人。

老闆娘說有一天店裡來了位急性子客人，三兩分鐘就催促著餐點煮好了沒，總計連催五次，弄得老闆娘的女兒火大，回嘴：「生的要吃嗎！」

可想而知那當下的火爆跟對峙了吧！

老闆娘當然不能叫場面失控，趕緊上來打圓場，她一面跟客人賠不是，一面指著女兒跟客人說：「這是我們的工讀生，來店沒多久，正在學習，因為家裡經濟情況比較不好，得自己賺學費，可是看她今天對客人的態度，也覺得沒得教了，所以明天就把她辭退！」

呵呵，經老闆娘這麼低聲說明和表示歉意，老闆娘說
客人的氣也消了，反過來要老闆娘再給這「工讀生」
一次機會。

這就是我那天的幸福學習，學會說謊嗎？當然不是，
是學會應變，學會「以和為貴」，學會用說話「為人
創造」可理解的空間。

遇見聲情：把話說好有大用

言語製造時空錯覺

在新舊年交替的時刻裡，更可以理解語言製造的時空
錯覺。

像我們在2024年的12月提到2025年1月的行事曆
時，如果說的是「下個月」要如何如何，感覺時間很
近，但如果說成「明年1月」要如何如何時，又會覺
得時間很遠。而事實上它們只是上下月。

同樣的道理，新一年歲首談上個月的事，如果說成
「去年12月」如何如何，哇，那時空簡直就像在十
萬八千里外了！

所以說能善用語言的人，真是大功德者。

語意之鑰

說話可以自娛，不可「娛人」

意鑰 1

人有人緣
聲音也有「緣」

「會說話」真的很重要，
但絕不是滔滔不絕的說。

大家都說「會說話」很重要，可是我也經常想「不會說話」也很可愛。

因為工作關係，經常參與面試選才，發現現在的年輕人都很會說話，看他們滔滔不絕秀出自己時，卻又覺得這場表演好辛苦。

「我是個難伺候的人嗎？」我經常這樣反省。

其實，「會說話」真的很重要，但絕不是滔滔不絕的說。所以先別在乎自己口拙。但是也不能長此下去，讓人形成了笨拙的印象。「說話」能練得流利一些，是必要的。

只是，**流利不要流於流氣，否則也只是乍聽之下漂亮的語言，非但不能打動人心，還會惹人華而不實的虛浮感。**

大概一般的朋友一遇上錄音機都會說：「唉呀，我的聲音不好聽！」

説話是聲音的震動，「什麼是好的震動」、「好聽的聲音」呢？

廣播人的聲音一定就是「好聽的聲音」嗎？

確實，在過去「被檢驗的年代裡」才能拿起麥克風的人，聲音應該都是好聽的。但好聽是一回事，能不能打動人心又是另外的一番功夫。

我常認為：「人有人緣，聲音也有聲音的緣」。我們周遭，有些人的聲音不見得是一般認同的「好聽」，但是「那人」說出來的話卻很能親近人心，臺灣話對這種人的形容是：「聲緣好！」

怎樣才能「聲緣好」呢？當然有一些基本訓練是必須的，可是更多的累積應該是來自於「發聲體」的內在。

寫文章「不誠無物」，好聲音也是一樣。
「不誠」就不會有好的聲緣，哪管聲音再亮耳。所以，要有好聲緣，就從「培養好人緣」開始。

給偶像的告白

一年電視金鐘獎的特別貢獻獎頒給了廣播電視界的前輩，高齡84歲的張宗榮先生。

張宗榮何許人也？

對眾多臺灣的影視受眾來說，他就是個講臺語的，過去的，明星吧。

對在廣播一路前行的我來說，他是我「音聲」的啟蒙者。

在廣播志業裡悠遊的那些年代裡，許多廣播前輩都說，她／他們都是從小聽中廣的廣播劇長大，而且愛上廣播的。在那般強大的潮流中，我也只會怯懦的應聲：「我也是」。

其實，哪裡也是？根本不是！

雖然以國語人考入中廣，但我是臺語人，我的小時候根本沒有中廣的天地，卻有無數臺語賣藥電台的臺語廣播劇。

我的年歲裡聽最多的就是陳一鳴，就是張宗榮廣播劇團，而且特別癡迷於張宗榮的「武俠天地」。

那時的「聲美觀」就是認為張宗榮的「音聲」帥氣、俐落，有勁。

尤其在劍俠對決時的迅猛、冷捷、起伏跌宕的道白，讓聽者「出其神，而入其話」。

有興趣的朋友或許網搜先前的精彩片段，也可一享光景。

張宗榮的「音聲」節奏，一直是自己廣播的主旋律，即使後來已不知張先生流轉何方了。

直到一天在第四台頻道看到已有年歲的張先生，我竟衝動地撥打他們的商業電話，表達我想朝聖偶像。

追星族的渴盼，也終於可以體解。

早前，一位民營台檢聽節目的廣播先進曾跟我聊起張宗榮說，別以為他天生厲害，口齒俐落，那是練出來的。

先進說在一次檢聽中，他把節目帶跑過頭了，竟聽到張先生反覆地練習道白的留痕，緊張（kín-tiunn）、緊張，刺激（tshì-khik）、刺激一遍又一遍。

這也檢證了張宗榮先生特別貢獻獎的獲獎感言：「做人要看土面，不要看人面。」

張先生，我的偶像，提醒了我，不斷滾動的人生進程，「汗濕泥面」才是真精神。

好雨知時節

在線上做兩岸廣播的年歲裡，接到過大陸聽友的一幅書法作品，潤澤的筆墨間書寫著：「隨風潛入夜，潤物細無聲。」寫書法的聽友說那是對我們經年以聲相伴的感受。

只是當時的我想的是：「我們是『有聲』怎會是『無聲』呢？」就在頻道裡哇啦哇啦地回應著自以為是的修改……。

潤物細聲長。

直到前些天開車途中，在頻道裡聽到一位解析《孫子兵法》的先生藉喻引義，提到這段詩文時才知道它源自於杜甫的〈春夜喜雨〉。

呵呵，〈春夜喜雨〉！

再多的物換星移，歲月流轉，大自然的舞台總給不同
光陰裡的人相似的四時場景，相續的感動莫名。

在春的節候裡，千百年前的詩者寫下的是：「好雨知
時節，當春乃發生。隨風潛入夜，潤物細無聲。」
「好雨」，是的，「好的雨水」在春來的時候降臨，
降臨在不擾人出行的深夜裡，細長的滋潤，形似無
聲，卻讓萬物蓬發。

果然千百年後，我們和詩人的體悟同款，有聲的無
聲⋯⋯最長聲。

意鑰2

「心非」、「口是」
練說話

先從「修心」下手，再把
「意思」送給嘴巴來說。

跟老婆打了通電話，發現那頭的她說話特別悅耳、順柔。

掛完電話，竊喜數秒後的我，突然若有所悟的猜想，通話的當時，老婆一定是在一個社交的場合。

不是嗎？有相識的「外人」在時，我自己對家人的說話口氣，不也像是喝了蜜汁一樣甜嗎。

朋友跟我說，他們公司一位高階主管的秘書，已經很久沒有「換面具」了，但最近得知帶她進公司的前老闆又要回任，突然間臉上有了笑意，業務往來間，說話也都偶有笑容了，新進的同仁還議論紛紛的說：「原來這位高級長官的秘書是會笑的」。

不是嗎？我們不也常在一些洽公的櫃台前，看到辦事員對自己的同事，跟對只有一櫃之隔的人，裡外兩個不同的口氣嗎。我們說過，「說話」有二個基本原素，一個是「聲音」，一個是「語意」，說話的意思。但前頭的事例，似乎又架構出了「說話」**的另一個重要元素，那就是「說話者是什麼樣的心理狀態」，而且「心理狀態」又似乎比「聲音」、「語意」更具關鍵性影響力。**

沒錯，如果心態上就是你尊我卑、就是外貴內輕、就是……，那麼再漂亮的語音訓練，語意鋪陳，一定都是白搭一場。

這又讓我想到巷口原有的那家豆漿店，他最近可遇到競爭對手了，因為在他對門新開了一家品牌豆漿店。

遊走比較之餘，有天我忍不住對老店老闆說，還是他們的飯糰比較好吃。沒想到老闆回答我的竟然是：「沒有啦！是你們還沒吃習慣他們的啦！」哇！好「大氣」呀。雖然有種近乎「這麼公關」的不自然猜想。所幸，老闆又平復了我的心。他說：「我太太都是這麼教小孩的，不要去批評人家」，喔喔！這就是說話的「心理狀態」！先從「修心」下手，再把「意思」送給嘴巴來說。這樣，再爛的聲音，再蹩腳的鋪陳，也會是說話高手。

什麼？你說「修心」就更難了呀！沒關係，我們也可以倒過來用！誰說不能先「口是」，而不理「心非」呢。豆漿店老闆娘教小孩面對同業競爭的說話訓練課，不就是先從「心非口是法」下手嗎？

如果號次都可以得到祝福

選舉前進行候選人號次抽籤。各組人馬都不知道自己會抽中幾號，不過反正1、2、3……嘛，就每一個號碼都想一組吉祥話，抽中哪個就用哪個。

這個概念跟運用，其實也可以放在我們日常的思惟或活動中。

不是嗎！賣瓜說瓜甜，賣了苦瓜就說清涼又退火。我們早已精熟此道的例子可多著呢。

只是，我們也經常會不知哪根筋不對了，總在自己的方寸間挑剔而忘了自我祝福。

再回到號次意義的設定上來，把每個降諸於我們的事務都當是一組號次，我們就會想出祝福它的方式。

雞媽教的「換個角度」

我喜歡「看笑話」。

呵呵，不是「看人家笑話」，是那一個個或一本本的笑話故事。

笑話，解構了很多「道理」在裡面。但如果光說「道理」，不容易被人接受。或許是「道理」就是「道理」，本來的樣子就是「嚴肅」的。

可是當「道理」放進了生活對話中，甚或又擦出了一些小趣味，那「道理」可就活靈活現，甚至還可打動人心，改變行為呢！

某天在央廣譚志蕙小姐主持的節且裡轉述了一則笑話。故事頂簡單的，就是雞小弟怨自己沒名沒姓的，而羨慕起人人有「尊姓大名」。

聰明的雞媽媽安慰雞小弟說：人呀，活著的時候有名有姓，走了都沒了，統稱叫「鬼」了。

我們「做雞的」，活著時沒名沒姓，走了，名字可多了。什麼「塩酥雞」、「脆皮雞」、「白斬雞」……。

呵呵，笑話結束了，雞的芳名錄好朋友們可以接龍了。

當然您或許要問了，那你說這笑話要延伸什麼道理呢？

呵呵，沒什麼驚天動地的道理啦，我們不也常說嗎？「換個角度」想。

是呀，這個「人想出來的替雞申張的笑話」，就是在引領我們換個角度吧。

意鑰 3

說話有「力」
竟是平和心

最簡單的「說話力」其實就是來自那顆「平和謙抑的心」。

這已經是一個耳熟能詳的傳說了，Coca-Cola剛在中國面市時不叫「可口可樂」，而叫「蝌蚪啃蠟」。

或許而今廣泛的飲料愛好者會為此鬆了一口氣，好在最終命名既「可口」又「可樂」，否則怎麼長期喝得下去這又有「蝌蚪」又有「蠟」的冒氣東西。

當您知道歌手「梁詠琪」的本名叫「梁碧枝」時，您能夠連結出她高挑的身材、甜美的歌聲嗎？更別說「永遠的偶像」劉德華，原來叫「劉福榮」了。

跟大多數的朋友一樣，我們不懂命名學中天、地、人格的深奧，但我們可以輕易地感受話語中「語音流動」和「語意靈動」，有多麼的重要。**每天我們「用說的」比「用寫的」多，但市場上「教作文的」多，「學說話的」少。只因為作文是大考關鍵，而且容易評比。但別忽略了「作文」可堆疊出學府，「語言」、「說話」卻是我們「更偉大的」人生中每個面向裡都需要的「堆高機」。**既然如此，「說話的能力」要怎麼建構呢？從「聲音訓練」到「語言邏輯」，各有累積的路徑。只是招式再多，「總需時日」。

所以，**我認為哪管地位多崇榮，哪怕背景多卑微，最根本、最簡單的「說話力」，其實就是來自那顆「平和謙抑的心」，它讓人說起話來不會如刀、如刺、如有碳酸氣。**

拿到這重要的基本分數後，我們要多累積「優質的語彙」，這要靠持恆的閱讀，和閱讀途中對「佳言美句」的記錄、記憶和練習、運用。「佳言美句」不是要您把話說到雲端上去，不食人間煙火似的學習「虛無飄渺」。

一句有力的俗語、一段別人歷練後的心語，都是接地氣的語言學習活教材，就看吸收後的反芻與再運用！不用為把話說好，設計太多的技巧，但一定要為把話說好，充實我們大腦的累積資料庫，這才會在腦細胞與舌尖彈動的連結上，建立出平實中愈見亮耳的「說話力」。

目堵（睹）

一早在家早餐店前看到的一幕，聽到的一段對話，想來挺有意思的。請先想像一下英文字母T。一部計程車靠邊停在早餐店旁，是T字那一直線，這「一直線」司機下了車往前方水果攤買了串香蕉回來，說時遲那時快，也是部計程車，刷的一下就停在T字的橫槓上，堵住了「一直線」司機駛離。

很自然的「一直線」司機連呼：「誒！誒！誒！」示警著「橫槓」司機……別堵我，我回來了，要開走了！

您想這橫堵車頭的司機怎麼回話呢？呵呵！他說「我買個早餐就開走！」繼續，他開始數落著說「停在人家店旁不買人家東西！」嘿嘿！聽來他這一橫堵，是有正當性的。

那「一直線」司機有沒有回話？回了什麼話呢？

我沒聽得具體，因為他已轉入駕駛座。

至於一旁冷看的我呢？

我「說話了」，在內心對著自己說話了：「橫堵無禮又無理，還能擠出這理直氣壯的一番話，佩服！」這社會似乎很多人就這德性！還有喔，「呵呵！以後在人家店前臨停又不捧場，記得打招呼呀！」

聞思修證

也許您知道這歇後語「外甥打燈籠」叫「照舅（舊）」。
那「瞎子打燈籠」又為了什麼呢？

以前我們節目裡的「小甜點」上過這道「甜食」……
是為了安全，打給迎面而來的人看的。

當時說這狀似笑話的「甜點」時，心頭想的是……說得還真有點道理呀！

不過真正體會得出它的真義，是到了自己會開車，會被要求「進隧道請開頭燈」時，才恍然大悟，「開燈」果真是保護自己，也是提醒別人。

有時候一段真理、一句好話，成了口頭禪，卻也不一定說的人就有太多的體會。
真的能深解其中意，往往還需要一道經驗的加工。

意鑰 **4**

「自娛」可以，
「娛人」且慢

「總有人注定要為某個笑話受到痛苦」，真是這樣嗎？

幾年前從朋友那兒聽了個笑話，之後一段時間，每想到它就會不由自主地從嘴角露出那邪邪的笑意來。也因此常自鳴得意似地逢人就說這個笑話。

簡單講，媒人婆要為某人做媒，探詢有什麼擇偶條件？比如說對身高、體重之類的外型條件有何要求？

某人也不假思索的率性回答：「身高還好吧！160、162公分就可以了。」

沒想，卻因此娶進了一位「長短腳」新娘。

新郎倌當然找回了媒人婆理論，媒人婆卻推說是按新郎倌開出的條件「160、162公分」找對象的呀！

每當笑話說到這兒，我還會模仿出身子上下起伏「長短腳」走路的模樣，引爆滿堂笑。

哇！好暢快，好有「成就感」呀！我虛榮般的征服了眾人的耳朵。

可是，這幾年當我開始留意「說話」這門功課時，想到自己恣意說這則笑話時的放縱無人，不禁背脊發涼，慚愧萬分。

確實，絕大部分的人在展露自己的口才，分享類似這樣的笑話時，都不是有意傷害肢體殘缺的人，僅僅是單純的，覺得那個模樣、那個「衝突點」很好笑，就毫不設防的口無遮攔了。

所以我們常說「阿達阿達」的笑話，常用「智障呀！」來埋伏故事的「趣味性」跟「笑點」。

「總有人注定要為某個笑話受到痛苦」真是這樣嗎？

當我們學習如何讓自己說的話更有「說服力」時，請一起牢記把話說好的第一課：說話可以自娛，絕不可「娛人」。

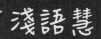

上人說笑話

選舉期間有名嘴批評：「為什麼要跟著稱證嚴法師為『上人』」。隔沒幾周英國廣播公司BBC公布了2022年全球百大女性，證嚴法師獲選入榜。

我每天晨起必聽的廣播節目之一，就是以證嚴法師的談話為主要內容的「慈濟世界」。

老實說剛開始也覺得，這種一般人講的教人「如何修身養性」的節目，實在沒有什麼令人特別驚喜的內容，但聽著聽著竟然越來越喜歡，也越來越佩服這位已經80多歲一心奉獻宗教，慈悲濟世的僧人。

不過現下想分享的倒不是證嚴法師的什麼靜思小語，上人行腳。而是，您相信嗎？上人也會說笑話呢！

一次聽證嚴法師談到慈濟的大林醫院，因為它位在臺灣南部，服務的大多是講臺語的患者，而醫師、護士又多半是聽國語，講國語的，也因此就常發生國臺語切換時的「失誤」，甚或是形成了「笑話」。

證嚴法師就説了二件趣事，我就試著從國語倒過來分享。

一次護士請病患「躺高一些」，病患卻屢屢「舉起左腳」。
原來「躺高一些」的臺語拼音是「德咖管也」。
而臺語的「左腳」發音也近「德咖」，只是「德」要唸四
聲音。

但護士小姐臺語不順溜，二聲、四聲混合説，「躺高」就
成了「抬左腳」啦！

證嚴法師分享的第二件趣事是，護士小姐為患者送掛氧氣
並貼心地説：給你氧氣吸一吸，比較快活。問題就出在
「氧氣」和「吸一吸」，氧氣臺語直翻發音近「勇氣」。

「吸吸」不熟臺語的護士直翻為「死死」。聽在患者的耳裡
這話完整的意思就成了：「給你勇氣死死，比較快活！」

呵呵，這段證嚴法師説笑話的轉譯課，還滿費勁的，不知
道您看懂了沒？

疼

朋友傳來一張圖文，圖中人物的表情受限於版面，就留給看完轉述後，各自去想像了。

至於文字，簡單極了，說：「人到了一定年紀後，除了「沒人疼」之外，全身「什麼地方都疼。」

呵，朋友會說：「有感而發！代表你『果真到了一定年紀』。」

是的，沒了爺爺奶奶等長輩的年歲裡，要個「疼」。果真不易。至於「一處不疼，全身疼。」是語言的烘托，創造了感受上的落差。真可謂「跌落萬丈深淵」，不疼「也疼了」。

一段語境列點出客觀的事實；製造了哀怨的幽默，也深化了提醒的力度。這就是生活體驗下的精鍊，比諾貝爾文學獎的大部頭更能穿透神經。

意鑰 *5*

好聲音只有兩種
「虛聲」與「讚聲」

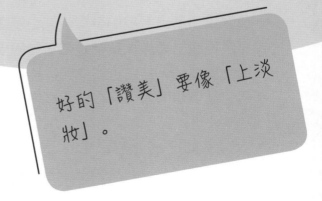

好的「讚美」要像「上淡妝」。

女兒的鋼琴老師常自認為身材不夠苗條。

有天閒聊，女兒說老師跟她講：如果可以的話，很想用自己的琴藝交換女兒的身材。

我聽了忍不住笑了出來。

不是得意於女兒被誇身材好，因為女兒那時才上國中，根本談不上「身材」這碼事。

我笑著告訴女兒：這是老師會鼓勵人，用妳一心想學好的琴藝跟身材相連，提醒妳懂得珍惜擁有的美好。

我想女兒聽了我的「演繹」，一定也很開心，而且更有動能去努力。

看過很誇張的一段話：全世界70多億人口中，30億人還生活在天天吃不飽的狀態中，但更有40億人是活在每天得不到肯定、讚美的慨嘆中。

順著這話倒想問問：您今天「慨嘆」了嗎？

先別「嘆」了。

就從我們對著自己說句鼓勵的話，或從對著家人說句讚美的話做起吧！

說真的，我們成篇累牘地告訴大家怎麼訓練出好聲音、怎麼把話說好。步驟1、2、3、4、5、6、7……，一大堆方法、妙招，聽了都無從下手。

如果您真沒時間學或學不來，沒關係，就告訴自己：**好聲音只有兩種，一種叫「虛聲」──謙虛聲；一種叫「讚聲」──讚美聲。**

我們每天張開口，不外「說自己」、「講別人」。說自己時謙遜一點，把自己說「低」些，人家反而看得「高」。但請記住別把自己說「卑」了，有些人用「卑己」來「酸人」，那又是另一種叫人嫌惡的說話大爛招。

至於「講別人」，就得站在「講好話」的基準線往上推。對長輩說佩服的話，對平輩、晚輩說讚美、鼓勵的話。但也請記得別說「濃妝艷抹」，拼命向話裡「添粉」的話，那也只會讓人覺得虛假不實。

好的「讚美」要像「上淡妝」，哪怕口拙，只要說出誠意和真心，都是最有力量的美聲。

在語中

人因夢想而偉大。您相信這句話嗎？我是……寧願相信。呵呵，相信得好像……有點不相信。

不是每個人都想「偉大」，但是生而為人，總是會有些許理想、願望吧。這時適切的一段話，就成了實踐「成功」的催化劑。

「人因夢想而偉大」鼓舞人敢於有夢想，也間接地累積、造福了人類文明。

因為，總有人在此一句「神力量般」的話語中，躍然前進。

被嫌棄的糗事

自問自答也幸福：
你覺得跟聽友互動這麼多年，哪件事讓你有真糗的感覺？

有呀！說它千遍也不厭倦！

就是那年到大陸開聽友會，在哪個地方發生的已經忘了，
東北是吧！

許多聽友陸續來到我們住的飯店房間，大家照面後互表驚
喜欣喜，大家開心地聊著，我忽然發現有位小女生不見
了，第一直覺是上洗手間！所以也不以為意，可是歡樂的
場面過了好一陣子了，還不見小女生，我的安全系數升了
上來，走近洗手間一看，半掩著門裡的小女生好像用衛生
紙在拭淚。我推開門關心般的問她：怎麼啦？

其實那當下我心裡的答案是：我終於看到文哥了，太興
奮了！

呵呵，結果當然不是！

那小女生噙著淚，生氣的說：你們騙我！文哥沒有來！

然後指著我說：文哥不是這個樣子！

嘿嘿！您以為我在創作劇坊嗎？不，千真萬確！

故事還沒完，那時我在中廣新聞網還主持每個星期天的深情寶島現場節目並接受叩應（call in），就在回臺後的一次節目中，一位山東的毛先生打電話進來，他先是客氣的跟我寒暄，緊接著就說：我是那個在聽友會見到你痛哭，說你騙人，沒有去的那個女孩的爸爸！

喝！天啊！這下子逼得我不得不在節目中再把被嫌棄的故事放送一遍。

說這至糗之事，別以為我在搏什麼！哈！但坦白講，我還滿自得其樂的，至少自己的聲音在聽友的心中還有些想像力，或許這也叫忠於工作吧！

意鑰 *6*

一顆好心永遠
比不上一張好嘴

聽不同的聲音「需要訓練」。就練這個「常聽招」吧!

有人說我在微博平台的上文每晚必看，不看，睡
不著。

真的嗎？

我很希望是真的啦！

哈。

人家說「一顆好心永遠比不上一張好嘴」，我們的家
鄉話說「心歹無人知，嘴歹通人知」。

看來不管在哪個語言國度裡，**「多說好話」是最好的
人生通行證了。**

那什麼是「多說好話」呢？恐怕林林總總的「話境」
是點都點不完滴。

還是從一顆善念的心出發吧！

與其質問人家說「聽懂了沒？」
不如轉換成自身問話式的要求「我講清楚了沒？」

還有：

「今天吃什麼？」

「隨便！」

「去哪裡比較好？」
「隨便！」

呵呵，我們不都是這樣經常在「隨便東」、「隨便西」的嗎！

別「隨便」了！
都改成「聽你的！」、「你決定很好！」

既然要「隨便」了，也要回答得讓為我們動腦筋的人開心嘛！
不是嗎。

嘿嘿，經我這麼一鼓吹，您還會誇我嗎？
不能「隨便」喔！

朋友說要聽不同的聲音，
是呀！
但談何容易。

早上太太說我大嗓門，是不是年紀大了，耳朵背了。
這不同的聲音，我不喜歡聽。

上班同事說今天穿的這身，顯老了，這不同的聲音，我不喜歡聽。

好多時候，好多事情，跟我們所想不同，或是似乎隱約被看穿了一些什麼事，對這些狀況下的不同的聲音，您想您會喜歡聽嗎？

我，坦白說，人前是風度，人後呢？是⋯⋯瘋度。

聽不同的聲音「需要訓練」。

就練這個「常聽招」吧，聽久了就皮了，哈，這也是一種態度。

但最好的還是「有則改之，無則嘉勉」的態度，多練練吧，剛開始很難，幾回後就可以平衡運用了。

不過特此聲明，前頭說早上起來老婆說我什麼，是舉例而言喔！我偉大的老婆沒那麼早起啦，而且她不可能這麼說我，因為她是「照三餐」對我說⋯⋯不同聲音的。

哈，所以，我教您老皮功呀。

把握當下，換個版本

聽到一段説是「俏皮」也是值得「玩味」的話：「不在乎天長地久，只在乎『要用就有』。」

乍聽這話，有些不牢靠。違反了我們的許多常理訓練，甚至還有一種鼓動享樂，「不思勞動」的危險。

是呀，「未雨」就得綢繆了，怎麼可以那般瀟灑的不在乎呢！

小時候長輩常教的：「好天要存『雨來糧』。」

這有備無患的人生工程，深深地警惕著我們，也落實在了我們的生活中。

「儲備」的道理，肯定是必需奉行的。太多沒做好準備最終慌亂無章的事例，也著實「提醒著」、「教示著」我們。

也因為這般，很多人就一股腦的朝著「妄收」、「妄存」的路走，最終導致「存了很多」，卻「用了很少」，因為「來不及用」。

不在乎天長地久，只在乎要用就有。事實上不是什麼離經叛道，它就是「把握當下」的語言升級版或是換句話說。

因為把握當下聽疲了；換個「要用就有」的大白話，或許更能觸及人心，而即行實踐吧。

人生當如牌局新

您摸八圈了嗎？

雖然不懂麻將，但每當聽人談起麻將經，就會莫名地跟著興緻盎然。

那天在廣播中聽美食家梁幼祥先生聊麻將，果真趣味橫陳。

梁先生侃了一段他空軍出身的父親說過的笑話。

說在飛航導引設施還不健全的那個年代，新手飛行員要把飛機由重慶飛往成都，卻害怕找不到著陸點。老鳥前輩就指點他們：

當飛機飛到目標上空時，記得打開艙窗；豎起耳朵；聽到「嘩嘩唰唰」的麻將聲；包準成都到了。

呵呵，四川天府之國，成都人更是「麻雀啁啾」。

梁幼祥先生說打麻將時得失心不要太重，不要老想著要贏。因為你／妳是一人對四人，要贏基本上也不容易。主持人問：「怎麼會呢？四人方城，不是一對三嗎！」梁幼祥趕忙提醒：「別忘了，還有一個『抽頭』的」。

梁先生認為打麻將最快意的是：「當有人放炮後牌局重啟，麻將牌一堆，『唰』的一長串疊疊聲，又燃起了各家的新希望。」

呵呵，看來賭性之所以堅強是有正當誘因的。

人生，舊牌局一推，我們也可以『唰』的一聲，再布新局喔。

意鑰 7

星雲大師說笑話

鴨子多有靈性呀，您為牠鼓掌喝采，牠就露出兩條腿讓您看。

您知道一隻鴨子有幾條腿嗎？

什麼？
別懷疑，
這是個問題呀！
是星雲大師演講時間的。
哈。

一早看佛光頻道，正播出大師的演講。
大師講了這個「笑話」：
說一戶有錢人家的男主人正午用餐時吃烤鴨，可是吃
著吃著若有發現的問起了女主人：
怎麼隻這鴨子只有一條腿呢？
女主人瞪大了眼回說：
鴨子本來就只有一條腿呀！不信到我們池塘去看看！

呵呵，日正當中的鴨鴨們，還真只有一條腿！因為生
理上它們正蜷了條腿在午休呢。

男主人當然不為所騙，就鼓起掌來，啪啪啪地喚醒了
鴨鴨，只見它們一隻隻放腿清醒，開始活動了起來。

男主人得意的看了看女主人，眼下之意就是：
妳呀，別騙了！

哪知道女主人這會兒切入正題：
是呀，**先生！您看這鴨子多有靈性呀，您為它鼓掌喝采，它就露出兩條腿讓您看。**

平日，您茶來伸手飯來張口，一副天經地義，毫無感謝的樣子，下廚的人得不到您的任何掌聲，當然就讓您吃單腿鴨呀！

呵呵，電視頻道裡的星雲大師，在這集特別節目裡講佛法，談的是日常，叫「多說好話」，多讚美。

忙碌滾動的生活互動中，適時的讓大師的趣談點醒一下，也是給自己給他人的好口禮。

語花趣

大家一定聽過這以「千萬」為引的話哏。

一位老太太說先生走的時候，留給了她三千萬。
千萬……要健康；
千萬……要幸福；
千萬……要知足。
滿滿的「三千萬」。

乍聽三千萬，大家以為是鈔票，心頭生羨；
再聽三千萬……，赫然，跌落深坑。

這樣的語態，用多了自然就不稀奇……耳疲了。
所以奉勸朋友……「千萬」別複製！

現在從「千萬」退到「萬」，又創造了言語新味，不
過這得用臺語說。

「萬」臺語發音貼近「慢」的平聲。

故事來了，媽媽催促女兒動作快，女兒卻依然慢吞
吞，吞吞慢。

媽媽只好自我調節，說女兒……每天賺「三萬
（慢）」！

說得慢、做得慢，走得慢。

整好三……萬（慢）

呵呵，這可得懂得臺語的朋友才萬（慢）得來了。

倒是大陸聽友聽我這說，也來應和了個語花。

說「自從有了娃，就前程似錦（四緊）」

手頭緊，衣服緊，

眉頭緊，時間緊。

呵呵，看來這已不是「緊緊相隨」就能一語帶過的新
手況味了。

相生相倚

朋友說佛法真的很好。
是呀，真的很好！
好在哪裡呀？
好在可以平衡心緒。
怎麼說呢？
浩大無邊，不知道怎麼說！
哈，您一定會笑說「不可說，不可說！」果真是萬靈
丹了。

佛法之於人，像我們去中藥鋪抓藥材，各種病症都能
對症下藥！
就我來說，我的有感方子在於祂的「真空妙有」、
「妙有真空」。

多少事終歸空，所以不用太計較；
多少事終歸空，所以盡心力，沒壓力。

這樣的「空觀」也回到了「退」的人際哲學。

什麼是人際之退？

……你大我小、你有我無、你好我壞、……，這一連串的對應就植基於……「空有」、「空無」的微妙體認中。

呵呵，還是一頭霧水。再舉個例子「塞翁得馬」反空，「塞翁失馬」反有，「得馬」、「失馬」轉換間「有」、「無」相倚，有趣吧。

看透這滋味，人的「界」就會拉大；就會更懂得「自己找安慰」。

意鑰 *8*

謙與化

華人的核心思想中有一種
「化」的生活哲學。

易學大師曾仕強先生，生前說過的兩段話，一直給我帶來提醒和啟發。

曾先生說易經六十四卦中幾乎每個卦都是好壞參半。
也就是吉凶相伏。
就只有一個「謙卦」是全吉。

「謙卦」其實也不用再什麼白話轉譯了，它就是「謙虛」，**做人處世「謙虛」了，客氣了，帆帆易順。**

不知道您信不信這樣的歸納跟提醒。

就我來說也著實信服了曾老師的提醒。因為我的謙謙之路，還有得「牽」呢。

曾老師叫我印象深刻的另一句話是「化」。老師說華人的核心思想中有一種「化」的生活哲學。

什麼叫「化」？拜佛燒香「燒金紙」，臺灣人叫「化紙」；人心頭的結要解不解的，最終要「化解」。

「化」不是熔斷；不是烈火；不是強攻「強占」。化是文火；化是融合；化是異中求同的「再生」。化，一句話可以叫人化。

化，一個舉措可以叫人化。化，一場懇談可以叫人化。化，心頭打結了嗎？一定有個適合的方法可以幫你／妳「化一化」。

坐車得腦內啡

那天一早出差，赴高鐵站前還真驚慌了一下下，因為在這個路口，那個路口，始終攔不到計程車。

急促中發現百公尺外有部閃著雙黃燈，看似待客的計程車，就像求一線生機似的跑了去，敲窗問司機載不載客。
果真竟這樣坐上了這部剛買完早點的司機的車。

更叫我有感的是，近10分鐘的車途中，這位七旬老司機的話既叫我驚嚇也叫我受用。

老司機說他們老家在南部鄉下，爸媽生了他共七個男孩，可卻沒有一個得到好的教養，甚至都是哥哥賺錢養弟弟般地接續把七兄弟養大。

也因此他對爸爸並不諒解。認為能生卻不能教養，充其量生小孩只是在滿足性的不得不然。

對老司機説法，我當然表達了不認同，並反問難道你會用這説法教育自己的兒女嗎？

沒想到他居然回我，就是因為有這樣沒辦法養就甭生的體驗，所以他沒結婚，也沒小孩。

車程中老司機還語重心長地送了我一段話：
人生短短，30歲前要計較，30歲後就別再計較了。

老司機的理論是，30歲前人生看來還有長路，計較或許還有收穫。但30歲後無常機率較高，就甭爭、甭計較了吧。

重要的還有這段，這趟車資150元，老司機説他就收我120元，硬是把30元塞回給我。

似乎在實踐他的自我期許：
有了年歲了，就別再計較。

戒難

才説鮮花供佛可以預留來生美麗的福報。

好朋友悶了一句肯定上輩子是沒買鮮花供佛了。

呵呵,當下拍案,驚想這人好幽默的告解。

但緊接著又想,這話沒主詞,那個被肯定上輩子沒買花供佛而生得凡庸的人,會不會指我這個才説者呀!

呵呵,人家是疑心生暗鬼,我呢,暗鬼就老有疑心了。

説也巧,車上聽頻道裡笑談,説一多疑太座,老愛檢查先生的衣服,總會從衣領上的毛髮扯出一堆對老公的猜疑,弄得家中夜夜不寧。

喝！突然那一個禮拜老婆安靜了，足足七天喔！是
的，七天中在老公襯衣上找不著一根半根毛髮。

只是到了第八天，這太座突然放聲大哭，她泣訴著先
生太荒唐了，現在居然連禿頭的女人都要！

老掉牙的途聽笑話是嗎？

多疑的老掉牙心態，很多人都戒不掉。

國家圖書館出版品預行編目 (CIP) 資料

遇見聲情 把話說好有大用/吳瑞文作. -- 第
一版. -- 新北市：商鼎數位出版有限公司,
2025.02
　面；　公分
ISBN 978-986-144-314-0(平裝)

1.CST: 說話藝術 2.CST: 聲音

192.32　　　　　　　　　113019368

遇見聲情

把話說好有大用

作　　者　吳瑞文

發 行 人　王秋鴻
出 版 者　商鼎數位出版有限公司
　　　　　地址：235 新北市中和區中山路三段136巷10弄17號
　　　　　電話：(02)2228-9070　傳真：(02)2228-9076
　　　　　客服信箱：scbkservice@gmail.com

編 輯 經 理　甯開遠
執 行 編 輯　尤家瑋
獨立出版總監　黃麗珍
美 術 設 計　林佳瑩

商鼎官網

來出書吧！

2025年2月10日出版　第一版／第一刷